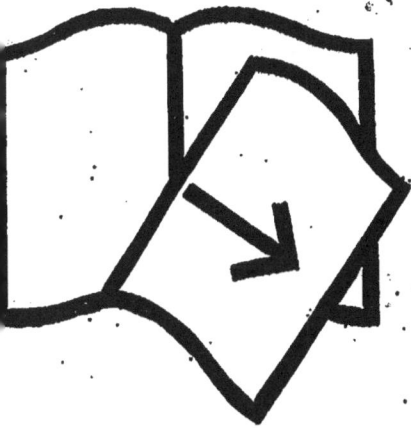

Couverture inférieure manquante

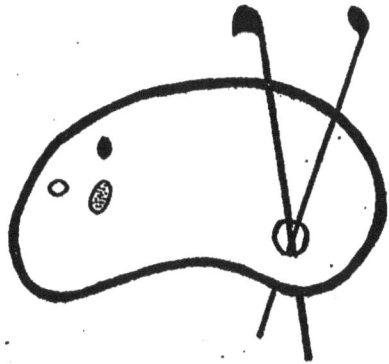

DEBUT D'UNE SERIE DE DOCUMENTS
EN COULEUR

TREIZE ANS

DE

JOURNALISME

DANS

LA PRESSE RÉPUBLICAINE

PAR

FRANÇOIS BONJEAN

PUBLICISTE

ANCIEN VICE-PRÉSIDENT DU SYNDICAT DE LA PRESSE QUOTIDIENNE DE NICE

PRIX : 50 CENTIMES

ANNECY
IMPRIMERIE HÉRISSON & Cie
—
1893

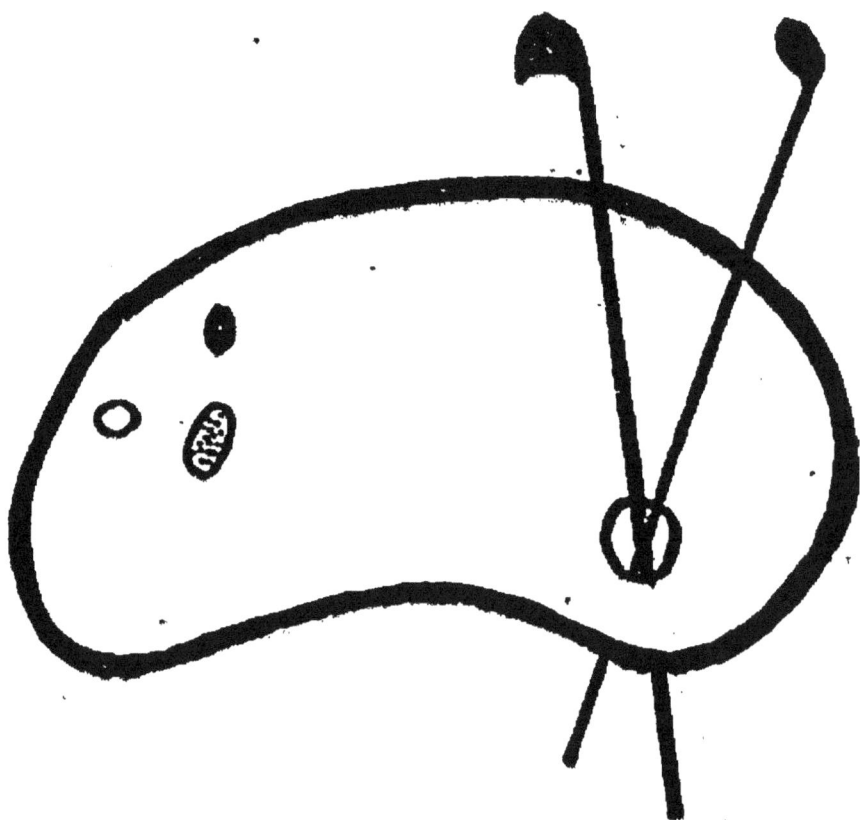

FIN D'UNE SERIE DE DOCUMENTS
EN COULEUR

AVERTISSEMENT AU LECTEUR

A mes lecteurs, amis connus et inconnus, je dois de dire, en quelques mots, tout d'abord, le but de cette brochure.

Le *Phare du Littoral*, dans son numéro du 13 mars 1894, publiait les lignes suivantes :

Notre excellent collaborateur, M. François Bonjean, appelé à prendre la rédaction en chef du journal les *Alpes*, d'Annecy, va bientôt nous quitter. Nous sommes heureux de féliciter notre confrère de la situation qui lui est offerte. Tous nos vœux et nos regrets le suivent dans sa nouvelle résidence.

Voici en quels termes très élogieux les *Alpes* souhaitent la bienvenue à leur nouveau rédacteur en chef :

« A dater du 1er mai prochain, notre sympathique compatriote et collaborateur, M. François Bonjean, publiciste, vice-président du Syndicat de la Presse de Nice, viendra prendre, à Annecy, la rédaction en chef des *Alpes*.

Nos lecteurs connaissent de longue date son talent et ses convictions républicaines, puisqu'il y a dix ans, c'est dans les *Alpes* qu'il fit, pour ainsi dire, ses premières armes politiques, pendant plus d'une année, en même temps qu'il était, à Annecy, le correspondant de la *Petite Savoie*.

M. François Bonjean, comme on le sait, appartient à l'une des familles les plus anciennes et les plus honorablement connues de la Savoie. Son père, M. Joseph Bonjean — un chimiste et un savant des plus distingués — est pharmacien à Chambéry. Il est l'auteur de cette belle découverte de l'*Ergotine*, que les médecins des deux mondes prescrivent depuis 1840, date de sa découverte, qui lui a valu, ainsi que ses nombreux travaux et ouvrages scientifiques, des décorations de tous les pays.

Ancien président du Tribunal de Commerce de Chambéry, M. Joseph Bonjean est le doyen vénéré de l'Académie des Sciences, Belles-Lettres et Arts de Savoie, dont il fait partie depuis plus de cinquante ans.

Son fils, qui est actuellement vice-président du Syndicat de la Presse de Nice, fait partie depuis douze ans et plus de la Presse départementale.

Il a toujours eu — tout jeune — un goût prononcé pour le journalisme, et l'on peut du moins dire de lui ce qu'on ne peut pas dire de tout le monde : que c'est avant tout un enthousiaste, un convaincu et un sincère, qui n'a jamais vendu sa plume. Aussi n'a-t-il jamais combattu que pour des idées — Patrie, République, Réformes — et non pour ou contre des hommes. A dix-neuf ans, il débutait dans la Presse républicaine par des articles pleins d'une fougue juvénile, parus dans la *Savoie*, la *Petite Savoie* et les *Alpes*.

Depuis cette époque, il écrivit dans nombre de journaux. Citons, parmi eux, notamment : le *Réveil national*, de Dreux, dirigé par notre éminent compatriote, M. Louis Terrier, député et ancien ministre du commerce; l'*Indicateur savoisien*; l'*Eclaireur*, de Lyon, fondé, en 1888, par un groupe de sénateurs et de députés radicaux; le *Réveil du Midi*, dont il fut, à Avignon, le rédacteur en chef.

Enfin, depuis cinq ans, à Nice, M. Bonjean a écrit dans le *Moniteur de la Corse*, le *Tribun du Midi*, etc., et surtout dans le *Phare du Littoral*, le plus ancien journal quotidien de Nice, dont il est le collaborateur depuis plus de trois ans. Plusieurs de ses articles dans le *Phare* ont eu les honneurs de la reproduction, entr'autres : l'*Alsace et Nice françaises*; *France et Savoie*; *France et Russie*; l'*Union Franco-Italienne*; une *Interview* d'un révolutionnaire russe; une autre *Interview* d'Amilcare Cipriani chez Benoît Malon, à Cannes, etc., etc.

C'est que, dans tous ces articles, on sent réellement vibrer un ardent amour de la Patrie, en même temps qu'un généreux enth[ou]siasme pour la République et la Liberté !

Notre futur rédacteur en chef est de ceux dont les con[vic]tions sont solides, parce qu'elles sont tout à la fois raisonnées et sincères. »

Étant donné le *talent* qu'au dire des *Alpes* ses lecteurs connaissaient déjà de longue date, et *la solidité* éprouvée *de mes convictions républicaines*, j'avais cru, dans ma naïveté grande, être venu ici pour *diriger* un journal *dans la note démocratique*, et non pas pour devenir, à mon âge, un rédacteur domestiqué ou un simple copiste à gages. Un tel rôle, sans initiative ni indépendance, ne pouvait pas me convenir; aussi, ne l'ai-je pas accepté.

C'est pourquoi, la politique militante m'ayant fait *momentanément* des loisirs, l'idée m'est venue d'en profiter pour essayer de réunir ensemble quelques-uns des principaux articles que j'ai écrits depuis plus de douze ans.

Mes compatriotes savoisiens et mes amis de partout pourront ainsi juger si je mérite réellement l'éloge qu'avaient fait de moi les *Alpes*, l'année dernière, en affirmant hautement que je fus avant tout, et toujours, un sincère, qui ne varia jamais. La chose étant, ma foi, assez rare par le temps qui court, c'est le seul éloge *mérité* auquel je tienne vraiment.

Pour finir, on me permettra de citer les lignes suivantes, que m'écrivait Claudius Pélaz, le regretté et intelligent fondateur de la *Petite Savoie*, à Chambéry, une année à peine avant la chute de sa feuille si démocratique, en 1884 :

Peu de gens savent autant se plaindre et geindre que nos compatriotes; mais quant à agir, c'est différent. Espérons que l'instruction achèvera l'œuvre que nous avons commencée et dont nous avons bien le droit d'être fiers.

Vous êtes jeune et intelligent, vous possédez ou posséderez deux choses qui me manquent quelque peu, la fortune et l'instruction : *Si, avec cela, vous conservez inébranlables vos convictions républicaines, vous pourrez peut-être un jour être très utile à votre pays, ce qui a toujours quelque peu été le lot de votre famille. Je vous dis cela franchement et sans flatterie.*

Je n'ai plus qu'une chose à dire : c'est qu'en lisant les articles réunis dans cette brochure, mes amis et compatriotes pourront voir qu'en effet, *j'ai conservé inébranlables mes convictions républicaines*, depuis l'époque déjà lointaine où m'écrivait ce pauvre Pélaz.

Les années ont passé, et, dans leur cours inexorable, elles n'ont pas manqué de détruire en moi plus d'une généreuse illusion. Mais, si je suis déjà bien loin des rêves de la vingtième année, je n'en ai pas moins conservé l'ardent besoin de soutenir et de défendre jusqu'au bout — dans la faible mesure de mes forces — toutes les grandes et nobles causes libérales et humanitaires.

Ma seule ambition est de rester ce que je fus toujours : le champion désintéressé de la Justice sociale, et le défenseur dévoué de la République démocratique !

Annecy, 15 janvier 1895.

François BONJEAN,
publiciste.

⁕

Je dédie cette brochure à mes fils, afin qu'ils y puisent tout jeunes un ardent amour de la Patrie, de la Justice et de l'Humanité, et qu'ils soient prêts à lutter un jour, s'il le faut, pour la République, gardienne de nos libertés !

F. B.

LA PRISE DE LA BASTILLE [1]

14 Juillet 1789

A la Bastille,
Forgerons, vos marteaux ; paysans, vos faucilles ;
Ecrivains, vos stylets ; généraux, vos soldats ;
Allons, debout ! Il n'est pas trop de tous ces bras ;
Et vous, vieillards, et vous, mères, gardez vos filles ;
    Tous les autres, à la Bastille !

Sombres murailles,
Que la poudre n'a pu noircir dans la bataille,
Vous vous dressez en vain pour la dernière fois ; .
Entendez ! c'est le cri des victimes des rois ;
C'est le peuple irrité, l'immortelle canaille,
    Qui vient pour fouiller vos entrailles !

Quand dans l'ornière
Vous tomberez, avec vos trucs de souricières,
Apparaîtront boulets, chaînes, tenailles, os
De martyrs, chevalets, verroux, clefs de cachots,
Morts grimaçants encor des tortures dernières,
    Vieillards bénissant la lumière.

Prison maudite,
Que, sous la loi du fort, nos mains avaient construites
Avec des pont-levis grinçants et des canons,
C'est quand même aujourd'hui nous qui te renversons,
Nous, les faibles d'avant ; nous, la race proscrite
    Par le lis et par l'eau bénite !

Notre croyance
S'est affermie encor dans les jours de souffrance :
Et nous sommes restés vainqueurs, nous, pauvres gueux ;
Nous, enfants, dont les rois oppressaient les aïeux ;
Nous, qui mettons notre âme en ce cri d'espérance :
    La République, c'est la France !

Chambéry, 14 juillet 1882.

---

(1) Cette pièce de vers, qui a été faite en 1882, à l'époque où j'ai débuté dans la Presse, et qui parut alors dans la *Petite Savoie*, a été reproduite depuis par plusieurs autres journaux, les *Alpes*, le *Petit Niçois*, etc., etc.

Les Conventions avec les Chemins de fer.

Une des lois les plus antirépublicaines, sans contredit, qui aient été votées sous le ministère de Jules Ferry, ce sont les *conventions* avec les chemins de fer, que M. Raynal a fait voter à une majorité docile, et qui nous ont coûté, pour la première année, **65 millions,** pour la seconde année, **104 millions,** et ainsi de suite chaque année, comme garantie d'intérêts, millions qui, naturellement, sont pris dans les caisses de l'Etat, c'est-à-dire dans la poche des contribuables, pour mettre dans la caisse des grandes compagnies.

Sous l'ancien régime, les curés et les nobles qui levaient les dîmes sur nos pères couraient au moins la chance des bonnes et des mauvaises années; et quand la récolte manquait, la part du noble et du curé se réduisait à proportion. La féodalité financière s'est mise à l'abri de ces mauvaises chances et, grâce à de faux républicains, les grands seigneurs de la voie ferrée ne cesseront de prélever leur revenu garanti de 10 1/2 (une jolie dîme!) et quand les recettes des marchandises et des voyageurs ne suffiront pas, la bourse des contribuables est là qui répond de tout et qui est chargée de former l'appoint.

Ainsi donc, au moment même où les nations qui ne possèdent pas leurs chemins de fer sont en train de les racheter; alors que des charges trop lourdes déjà pèsent sur le travail national, entravant la marche des affaires, paralysant les efforts du commerce et de l'industrie, achevant de ruiner l'agriculture ; alors que nous avons besoin, à tout prix, d'une politique d'économie; qu'imagine ce profond politique qui a nom Jules Ferry?

Va-t-il chercher à diminuer les impôts?

Loin de là, il en annonce d'autres, déclarant dans la Commission du budget que la création d'impôts nouveaux sera nécessaire *après les élections !* Et, en attendant, il songe à aggraver encore les charges qui pèsent si durement sur le marché français, en renouvelant le monopole des grandes compagnies. C'est ainsi qu'avec les nouveaux tarifs acceptés par le gouvernement, le commerce français paye 30 à 40 o/o plus cher de transports que les autres nations de l'Europe. — C'est ainsi que par les fameux *tarifs* dits *de pénétration,* nous payons 40 à 50 o/o plus cher pour exporter nos produits à l'étranger, que l'étranger ne paye pour importer les siens chez nous!

Qu'on me permette de citer quelques exemples à l'appui :

Ainsi, les bœufs expédiés de Milan arrivent à Paris, à moitié moins de frais que ceux expédiés du Charollais et du centre de la France.

Des négociants de Saint-Étienne, de Lyon, etc., envoient leurs marchandises en Suisse pour les faire expédier de là sur le Havre, Bordeaux ou Marseille, au lieu de les envoyer directement dans ces ports. Ils gagnent ainsi jusqu'à 0,20 centimes par kilog. sur les frais de transport.

Citons enfin ce fait inouï, que des charbons allemands voyageant sur des lignes françaises, paient de 30 à 80 o/o meilleur marché que nos charbons nationaux !! Mais les chiffres ont bien plus d'éloquence. En voici quelques-uns :

Charbons allemands (Cologne-Paris, tarif kilométrique)..... 0,038
Charbons français (Lille à Paris)............................ 0,074
  —   (Cie de Lyon)........................ 0,049
  —   (Cie d'Orléans)...................... 0,088

Les tarifs de pénétration ruinent donc lentement, mais sûrement notre industrie. C'est ainsi que la féodalité financière, à laquelle nous ont livré Ferry et sa majorité, fait payer un impôt inique, monstrueux, antipatriotique au travail national, en déchargeant d'autant le travail de l'étranger, ce qui nous prépare, pour l'avenir, des chômages de plus en plus longs, de plus en plus fréquents pour nos travailleurs écrasés par la concurrence étrangère.

Telles sont ces *conventions* que l'on a justement appelées *scélérates*. Un dernier mot à ce sujet :

« Les véritables ennemis, ce sont ceux qui dominent dans la
« haute Banque, qui commandent dans presque toutes les grandes
« compagnies et qui sentaient que la démocratie avait le droit
« d'arrêter le torrent des dividendes; les ennemis sont, en un mot,
« les favoris du monopole et des abus, etc., etc. »

C'est par cette belle tirade que, le 3 mai 1882, à Bordeaux, M. David Raynal terminait un discours à ses électeurs.

Un an plus tard, le même Raynal faisait les conventions avec les grandes compagnies !!

Non seulement au point de vue économique, mais encore au point de vue des intérêts de la défense nationale, ces fameuses conventions ne pouvaient avoir que des résultats néfastes pour le pays.

Et cependant il s'est trouvé au Parlement une majorité pour les voter! Majorité, on peut le dire, sans conviction, et que le ministère a obtenue par la seule menace d'une démission.

Laisant, dans son journal la *République radicale*, publia, au lendemain de ce vote, un article méprisant pour la majorité en question, qu'il osa publiquement traiter d'*infâme*.

C'est à cette occasion, en effet, qu'éclata plus que jamais à tous les yeux le scandale d'une assemblée lâchement inféodée à un homme.

Y a-t-il pourtant, je vous le demande, un plus misérable système que celui qui consiste à ne pas voir les choses, les faits, les principes, pour ne considérer que les personnes? Eh quoi! un ministère vient vous dire : « Vous allez voter cette loi, sinon je me retire. » Et vous, députés de la race de Lilliput, au lieu de répondre : « Allez au diable! » vous adoptez la loi que vous savez détestable, mais que des ministres amis vous proposent! Alors, pour qui travaillez-vous? Est-ce pour le pays, ou simplement pour une dizaine d'hommes? — Vous a-t-on envoyés à Paris, pour être des agents d'affaires de quelques détenteurs de maroquins, ou pour faire les affaires de la nation tout entière?

Quoi donc! un député qui a le souci de la dignité de son titre de représentant du peuple, et qui conserve encore, dans notre temps corrompu, cette moralité politique qui est la base et le fondement nécessaires à une démocratie libre et maîtresse d'elle-même — l'honorable M. Lockroy, — à ce moment à la tribune, vient vous parler des intérêts suprêmes de la patrie, qui ont été négligés complètement dans les conventions que l'on discute; et vous autres, pour faire comme Raynal, qui, autrefois, était pour le rachat des chemins de fer et qui soutient aujourd'hui le renouvellement du monopole scandaleux des compagnies, vous osez ricaner sur vos bancs, comme si M. Baudry-d'Asson vous parlait de *la paille humide du Vatican*, ou l'évêque d'Angers du *Syllabus!*

L'Allemagne, croyez-le bien, si elle eût osé le faire, vous eût tous couronnés de fleurs, le jour où vous avez trahi ainsi les intérêts de la défense nationale! (1).

_____

(1) Ces lignes, que des événements récents ont remises d'actualité, sont détachées d'une brochure sur *Les Douze Ministères de Jules Grévy*, que j'ai publiée à Avignon, en 1888.

Le Ministère Floquet et la Révision.

Le ministère vient de déposer son projet de révision. S'il est repoussé, M. Floquet aura du moins l'honneur assez rare d'avoir tenu ses engagements.

En effet, aucun ministère, jusqu'à présent, n'est tombé *à gauche*, c'est-à-dire pour avoir voulu et soutenu des réformes. — Tous, au contraire, sont tombés sur les réformes auxquelles ils ont refusé de consentir.

Le ministère Floquet se compose en majorité de républicains trop fermes et trop convaincus pour jamais vouloir tomber *à droite*. Sa conduite de lundi le prouve surabondamment. — Mais s'il est mis en minorité pour avoir présenté le projet de révision que nous avait promis la déclaration ministérielle — quand la discussion sur le fonds viendra à la Chambre, — il est sûr d'avoir avec lui tout le pays républicain.

Or, pour des ministres véritablement guidés par l'amour désintéressé de la République, il ne peut y avoir d'honneur plus grand que de tomber sous les coups de la réaction.

Tous les ministères de ces dix dernières années s'étaient bien gardés de se mettre à la tête de la majorité républicaine. Cette majorité, ils n'ont pas cherché à la dégager pour la guider résolûment dans la voie des réformes. Ils l'ont au contraire divisée, morcellée, en se dérobant devant toutes les questions à résoudre et en exigeant sans cesse l'ajournement des réformes qui s'imposent.

Il était temps d'entrer dans une voie nouvelle, plus conforme avec une politique résolument républicaine.

Ce sera l'honneur de M. Floquet d'avoir eu le courage, le premier, de prendre la tête du mouvement qui pousse le pays à réclamer une République plus en harmonie avec les principes démocratiques.

Nous voulons encore espérer que les partisans de la *politique de résistance* au suffrage universel, tant à la Chambre qu'au Sénat, y regarderont à deux fois avant de repousser le projet de révision du ministère Floquet.

Le pays est dans un état d'énervement qu'il est urgent de faire cesser; le commerce en souffre et les affaires sont entravées par un manque de stabilité gouvernementale qu'il importe de réformer.

Depuis longtemps, il réclame impérieusement la révision de la constitution orléaniste de 1875; voici le ministère Floquet qui dépose un projet fort acceptable de révision.

Je dis fort acceptable, parce qu'il demande simplement aux Chambres de déclarer qu'il y a lieu de réviser les lois constitution_ nelles, et qu'il reconnaît ainsi la plénitude des droits du Congrès, les deux Chambres une fois réunies en Assemblée nationale.

Or, le gouvernement lui-même reconnaissant cette souveraineté, qui donc empêchera nos amis de réclamer et de faire voter au Congrès la convocation d'une Constituante?

Il dépend donc des républicains de la Chambre et du Sénat, que les légitimes revendications du pays reçoivent enfin satisfaction ou que le peuple, de plus en plus irrité, mécontent, finisse par se détacher de la République. Car maintenant, il y a un dilemme inévitable qu'il faut trancher absolument : *La République sera réformatrice ou elle ne sera pas.*

Nous adjurons tous ceux qui ont à cœur l'existence de la République de voter la révision, sans laquelle aucune réforme, — c'est désormais prouvé, — n'est possible. Trêve aux personnalités, aux intrigues; qu'on organise enfin sérieusement la République! (1).

La République de l'avenir.

Je donne ici les principaux passages du discours que j'ai prononcé le 14 juillet 1889, à Cannes, au banquet démocratique dont on m'avait offert la présidence, discours qui fut reproduit par l'*Avant-Garde révisionniste*, de Cannes, et par la *Révision*, de Nice, journal du député Raiberti :

Vous pouvez tous compter, citoyens, sur mon absolu dévouement à la République, dont nous fêtons aujourd'hui l'une des plus belles journées, qui est certainement la date la plus sincèrement française dans l'histoire. C'est une date que tous les Français, sans distinction de partis, doivent célébrer avec orgueil et reconnaissance.

La France n'avait, en 1789, ni une constitution politique, ni une organisation sociale, douées d'un minimum de vitalité, qu'on pût retoucher, améliorer par des réformes progressives, faire savamment

(1) Du *Réveil du Midi*, en octobre 1888. — On remarquera combien ces objurgations aux républicains, à cette époque, étaient fondées, et combien, hélas! les événements me donnèrent raison! puisque, si les républicains avaient adopté le projet de révision de M. Floquet, ils eussent ainsi enlevé au boulangisme sa plate-forme et sa raison d'être.

évoluer. Tout était vieilli, pourri, faussé. La France était soumise au pire despotisme : à celui qui, tout-puissant pour le mal, ne se sert de son prestige mourant, de sa force de tradition que pour faire de l'arbitraire, et ne peut plus réaliser ses moindres velléités de bien.

Il ressemblait un peu, en cela, au pouvoir d'aujourd'hui, à cette irresponsable dictature parlementaire qui nous déshonore et nous tue. Aujourd'hui, comme alors, le peuple, pressuré, berné, revendique hautement ses droits. Et, après s'être juré de faire lui-même sa constitution nouvelle, il attend, calme, silencieux, comme il convient aux forts, à qui est sûr du lendemain, le jour prochain où ses volontés devront enfin être obéies.

Jusqu'à ce jour, en effet — grâce à ces hommes qui, bien loin de continuer l'œuvre de la Révolution française, en ont cyniquement foulé aux pieds tous les principes — le peuple n'a eu, depuis dix ans, que la triste parodie, la honteuse caricature de la République. Aussi, n'a-t-il pu obtenir encore aucune des réformes politiques et sociales perpétuellement promises, mais toujours ajournées.

Le parlementarisme, tel qu'il a été pratiqué ces dix dernières années, engendre tout naturellement les groupes et les sous-groupes, les rivalités entre les personnes, l'impuissance et la stérilité au point de vue des réformes politiques, économiques et sociales.

Tant que le pouvoir exécutif sera dévolu aux tombeurs de ministères, il y aura, par la force même des choses, des syndicats constitués en vue de la curée. D'où, pour nous, nécessité absolue de prendre les ministres en dehors du Parlement.

Les hommes politiques ne sont-ils pas un peu ce que les font les Constitutions ?

Ce serait vraiment miracle que les hommes politiques les plus capables ou les plus habiles ne cherchassent pas un perpétuel bouleversement, alors que leur opposition même leur assure de perpétuelles faveurs et peut avoir pour résultat la possession momentanée d'un portefeuille.

Comment demander à des hommes politiques de s'entendre, alors que leur division leur assure des triomphes successifs, flatteurs pour leur amour-propre et, s'ils tiennent moins à l'honneur qu'à l'argent, très avantageux pour leur bourse et celle de leurs amis !

Le parlementarisme actuel est une industrie spéciale, où les risques sont si insignifiants, qu'on ne saurait songer à s'en retirer, même après fortune faite.

Aussi les hommes politiques auxquels ce régime hybride a profité pendant dix ans, ne sont-ils guère disposés à y renoncer. Les opportunistes prétendent que leur politique est la meilleure et la plus sage de toutes les politiques; qu'il n'y a absolument rien à changer à l'ordre de choses existant; que la Constitution qui nous régit est excellente et que tout va pour le mieux dans la meilleure des Républiques.

N'est-il pas véritablement stupéfiant de voir l'assurance satisfaite avec laquelle ces Pangloss de la politique se décernent un brevet de parfaite sagesse?

Et pourtant! voyez les résultats de leur politique! Les questions sociales, jusqu'ici méconnues par eux, de jour en jour s'accumulent, se dressent, menaçantes, et tout le monde avoue que, si elles ne sont pas résolument abordées par un Gouvernement courageux, elles pousseront à la révolution un pays fatigué, énervé, écœuré d'une situation sans issue. Le succès du boulangisme est, à cet égard, un symptôme sur le caractère duquel il faut être aveugle et sourd pour ne pas être édifié.

Fort heureusement, les électeurs d'à-présent comprennent une couche nouvelle, intelligente, ardente, formée par l'école et par la caserne. Ils sont vraiment républicains, ceux-là. Déjà leur nombre les rend forts. Ils s'appellent Légion. Ils sont la jeune France. Il faut compter avec eux. Or, leur République, celle qu'ils veulent, ce n'est pas la République des opportunistes. Ce n'est pas la forme gouvernementale dont profitent quelques farceurs. Ce n'est pas l'oppression au bénéfice d'une coterie! Leur République a le cœur large. C'est la Patrie tout entière, unie et réconciliée sous les trois couleurs du drapeau. — C'est l'Egalité dans la Liberté!

La Politique moderne et les Travailleurs [1].

Au moyen-âge féodal, pestes et famines ravagèrent la terre. Dans notre moyen-âge industriel, les crises économiques portent périodiquement la faim et la ruine dans nos cités. Et, en raison même des applications scientifiques et des progrès de l'outillage, le mal gagne en extension et en intensité. C'est ainsi que, suivant un mot connu,

---

(2) Cet article, et les suivants, ont paru dans le *Phare du Littoral*, de 1890 à 1891.

« les riches deviennent toujours plus riches et les pauvres toujours plus pauvres. »

Or, nous nous trouvons, pourrait-on dire, à un tournant de l'histoire : les vieilles formes trop étroites écrasent les éléments nouveaux qu'elles ne peuvent contenir, et il faudra bien se résigner à élargir les formes, si l'on veut éviter quelque cataclysme effroyable, auprès duquel nos anciennes révolutions n'auront été qu'un jeu d'enfant. La situation de l'Europe est grave, en effet, et, partout le grand parti socialiste relève la tête. Les mineurs n'ont pas été loin de décider la grève universelle et le monde ouvrier se prépare à manifester pacifiquement, mais en grande majorité, le premier mai.

La Belgique cherche un dérivatif dans le suffrage universel — c'est-à-dire dans la République.

L'Italie souffre avec de sourds murmures et atténue ses maux présents en jetant, notamment sur l'Amérique du Sud et sur la France, ses prolétaires par centaines de mille. Ceux-ci deviennent ainsi des agents de misère, en portant la surabondance des bras, les bas salaires et les chômages qui en résultent, dans les pays qu'ils envahissent.

Tandis qu'en Autriche les souffrances des prolétaires sont grandes par tout l'Empire, le nihilisme, en Russie, toujours frappé, renaît toujours.

Les souffrances industrielles et agricoles ne sont pas épargnées non plus à l'Espagne, ni à l'Allemagne, où l'empereur semble déjà revenu de ses velléités socialistes. Quant à l'Angleterre, elle a vu aussi les jours noirs des soulèvements populaires. Ce n'est pas seulement la noble et malheureuse Irlande qui est accablée par les lords de la terre et du capital : toute la nation est frappée par une juste solidarité des choses. Les mineurs du South Staffordshire, comme les paysans de l'Écosse, du Lancashire, se remuent et murmurent périodiquement.

Bref, tout le monde du travail est travaillé et parcouru de sourdes rumeurs, auxquelles il convient de prendre garde.

En France, surtout, dans notre France démocratique et républicaine, nos politiciens dirigeants ont le devoir de se préoccuper de ces choses. Ils ne doivent pas, ils ne peuvent pas dire, comme Louis XV : « Après nous, le déluge ! » Non ; ils ont le devoir d'étudier cette question sociale si complexe, si ardue, mais aussi combien intéressante et digne d'attention pour des esprits républicains !

La politique moderne devient de plus en plus économique. Tant pis pour ceux qui ne connaissent pas le premier mot des questions sociales qui s'imposent désormais aux soucis des hommes politiques vraiment dignes de ce nom. Qu'ils retournent, ceux-là, à leurs chères études de prédilection.

Pourquoi donc se sont-ils présentés aux suffrages de leurs concitoyens ? Ils eussent beaucoup mieux fait... sur des ronds-de-cuir que sur les bancs du Palais-Bourbon, où il faut désormais des hommes bien décidés à marcher avec leur siècle et à rompre avec les préjugés et les errements du passé.

Ce n'est plus pour jeter des millions à leurs protégés et pour ruiner la France par leurs entreprises financières, que les électeurs d'à présent nomment leurs représentants, dans notre grande République. C'est pour administrer la chose sociale honnêtement, de façon à ce que « les pauvres ne soient pas toujours plus pauvres. »

Nous ne doutons pas de la bonne volonté de nos représentants ; qu'ils aillent de l'avant ! nous ne leur marchanderons ni notre approbation ni notre concours ; car, ici, ce qui est en jeu, c'est l'honneur même de la République.

La Bastille des Fous.

La question de la loi sur les aliénés va revenir prochainement sur le tapis parlementaire.

L'an dernier, M. Reinach a déposé, sur le bureau de la Chambre, un projet de loi portant modification de la fameuse loi de 1838 sur les aliénés. Ce projet n'est autre que celui élaboré autrefois par Gambetta, et qui n'avait pu aboutir devant la Chambre.

Cette réforme est depuis longtemps attendue, car la loi de 1838, qui a été la source et le moyen de criants abus et de révoltantes injustices, ne doit son existence, déjà trop longue, hélas ! qu'à l'insouciance et à la paresse de nos législateurs. C'est ainsi, trop souvent, que se perpétuent, chez nous, les abus les plus monstrueux, les injustices les plus flagrantes, les absurdités même les plus choquantes pour le bon sens public. Lorsqu'un scandale, judiciaire ou administratif, éclate, tout le monde crie :

« Mais, comment donc ! une pareille chose est-elle possible ? C'est insensé ! Il faut absolument changer ça ! » Et la Presse emploie des flots d'encre à demander une réforme, que le Gouvernement s'empresse de promettre. Mais, hélas! les promesses des ministres, on sait aujourd'hui ce qu'en vaut l'aune, et les ministres passent, se succèdent, sans que les choses changent pour cela.

Ce qui fait que l'on peut dire, qu'en France, même après qu'elles sont condamnées, les mauvaises lois subsistent encore longtemps. C'est ce qui a eu lieu pour la loi de 1838.

Oui, malgré les déclarations solennelles du Gouvernement, malgré ses promesses plusieurs fois renouvelées dans le Parlement, la loi de 1838 existe encore. Et je n'hésite pas à dire que c'est un scandale! Car, pendant que les projets de loi tendant à la modifier dorment dans les cartons des commissions, les abominations qui se commettent à l'ombre tutélaire et complaisante de cette loi monstrueuse se perpétuent et, pour un des coupe-gorges tolérés par cette loi qui, au lendemain d'un gros scandale, a été supprimé ou assaini, cent autres fonctionnent et de la plus odieuse façon.

Les horreurs qui, journellement, se passent dans ces cavernes atroces, qu'on appelle des maisons de santé, restent le plus souvent secrètes.

Ce n'est que par hasard ou lorsque l'audace des bourreaux va trop loin, que la chose fait esclandre et cause un scandale public.

Il y a quelques années, par exemple, les journaux de la France entière ont raconté l'évasion d'un malheureux soldat tenu pendant *onze mois aux fers*, dans un asile non loin de Bourg. Ensuite, c'était à Lyon qu'une institutrice, des plus honorables, se voyait saisir, garrotter, emmener prisonnière, sur la simple attestation d'un médecin de Belley, qui la disait folle.

La chose, alors, fit grand bruit.

Et, plus près de nous, qui ne se rappelle l'*affaire Hériot?*

Ainsi, sans jugement, sans motifs, sans responsabilité, sur sa simple signature, un médecin peut disposer arbitrairement de la liberté et de la vie d'une personne que, peut-être, il n'a jamais vue?

Et cela se fait tous les jours! Oui, tous les jours, entendez-le bien, il y a, dans les asiles de France, près de *cent mille* aliénés, ou plutôt cent mille prisonniers, dont au moins un dixième s'y trouve détenu sans raison valable, arbitrairement, par le simple caprice d'un médecin ou, plus souvent encore, par des motifs inavouables, des intérêts personnels, des complots de famille, de véritables crimes, faudrait-il dire.

De pareilles choses ne peuvent durer. Il y va de la dignité et du bon renom du Parlement, qui serait sans excuse, absolument, de laisser se perpétuer un pareil état de choses, quand il est si facile d'y remédier par une loi.

C'est même une honte pour le Gouvernement et pour les Chambres qu'après tous les scandales qui ont éclaté, à plusieurs reprises, depuis dix ans, on n'ait pas encore modifié, dans un sens libéral, l'inique loi de 1838, cette loi qui, déjà monstrueuse en elle-même, est plus abominable encore dans son application et a soulevé contre elle, bien des fois, l'indignation publique.

Espérons que, cette fois, la réforme aboutira.

Allons, législateurs, à l'œuvre, et sans retard. *La Bastille des Fous*, encore une Bastille à détruire !

Les pauvres Gens.

Il me paraît profondément regrettable que la Chambre, dans sa séance de mercredi dernier, ait approuvé, en votant l'ordre du jour pur et simple, après l'interpellation Chiché, la *fusillade sans sommation* dont furent victimes des enfants et des femmes, lors des malheureux événements de Fourmies.

J'avais évité de parler, à l'époque où ces faits déplorables eurent lieu, de ces choses qui, je le confesse, m'inspirent un insurmontable dégoût pour les brutes civilisées que nous sommes. Eh! quoi, suffira-t-il donc qu'une pierre soit lancée contre la troupe, par un gamin ou par un ivrogne, pour que des soldats français répondent par des coups de fusil, sur une foule composée surtout de femmes et d'enfants ?

Faut-il que cette arme redoutable qui a nom le fusil Lebel, dont chaque coup fait plusieurs victimes, serve contre une foule qui, au pis aller, possède des bâtons pour toute arme offensive ?

Comment! vous osez approuver le fait monstrueux, presqu'incroyable, d'avoir tiré, *pendant cinq minutes*, comme on dit, dans le tas, et d'avoir atteint surtout des citoyens paisibles jusque dans leurs maisons et dans les cafés d'alentour ! Allons donc! ce qui est vrai, c'est que cette inutile boucherie ne peut être approuvée que par des gens sans entrailles, ou dont l'intelligence ne vaut pas, certes, celle des braves et malheureux prolétaires que des balles françaises, hélas ! ont ce jour-là couchés sur l'herbe.

Il est toujours facile de dénaturer le sens des lois qui vous gênent, quand on est ministre ou majorité ministérielle.

Aussi — naturellement — on a dit : « Les lois de 1791 et de 1848 spécifient que la troupe doit repousser la force par la force, qu'elle n'a pas à faire de sommation *si elle est attaquée.* »

Mais, ce qu'on s'est bien gardé de dire, c'est que l'attaque doit être faite *par des gens armés*. Or, c'est justement là le point le plus essentiel. Car à Fourmies (c'est bien prouvé), les manifestants n'avaient pas d'armes sur eux, et ils avaient du reste si peu l'idée de tuer ou de se faire tuer, que le chef de la bande, l'infortuné Gilottaux, était accompagné de sa fiancée qui, souriante, une branche d'aubépine à la main, précédait la foule en chantant.

Pour des conspirateurs et des émeutiers, avouez que c'en était de bien curieux ! Il me semble donc qu'en l'occurrence, un peu de justice — et même un peu de pitié seulement — aurait plus honoré nos honorables, que tant de dureté.

Pour moi — je m'en fais gloire — je ne suis pas de ceux qui, au lendemain de ces faits sanglants, ont osé dire, en parlant de leurs frères tués par des fusils français : « C'est bien fait ; fallait pas qu'ils y aillent ! »

Non, je fus toujours, et je reste du côté des déshérités, des faibles, des opprimés. Et je me moque un peu des sarcasmes des niais : ils ne m'atteignent pas et me laissent fort indifférent. Quoi que vous disiez et fassiez, du reste, toujours quelqu'un vous blâmera. Qui ne connaît la fable du *Meunier, son fils et l'âne ?*

On ne peut contenter tout le monde et son père.

Le mieux est donc encore de penser et d'agir en écoutant sa raison et son cœur.

Et tant pis pour les imbéciles ! — quand bien même ils seraient légion. — Et, rassurez-vous, ils le sont.

Se préoccuper des questions sociales, des douloureux effets produits par la misère, c'est, pour ces esprits forts, être un « sentimental. »

Se faire, par exemple, le défenseur des filles-mères, se prononcer contre les lâcheurs pour les abandonnées, élever la voix en faveur des misérables femmes réduites au désespoir ou des enfants livrés au hasard, c'est être un sentimental.

Oser penser et dire tout haut que les travailleurs qui se lèvent

avant le jour et triment sans relâche comme des bêtes, méritent un salaire proportionné à leur peine; réclamer que les impôts les plus lourds pèsent sur les plus riches; tout cela, c'est d'un sentimental, d'un *jobard* : je vous l'accorde!

Mais enfin, c'est n'être pas égoïste, c'est se laisser toucher par les souffrances du prochain. C'est être une âme où la pitié ne trouve jamais porte close.

Or, la pitié est, sans contredit, le plus noble des mouvements qui puisse vous guider dans la vie; c'est, en tout cas, le seul dont on ne se repente jamais, car il vous ennoblit l'âme et vous donne de vous un légitime orgueil. On est dupe parfois, c'est possible; mais dupe honorable et digne d'envie.

N'être jamais ému d'une misère humaine; n'écouter les plaintes et ne voir les souffrances poignantes des prolétaires que pour leur reprocher de crier — parce qu'on aime les digestions paisibles et que ces plaintes vous ennuient — ce n'est point, pour moi, je l'avoue, représenter bien dignement notre pauvre espèce humaine.

Quand je relis mon La Fontaine, ce n'est pas le loup que j'admire dans la fable du « Loup et l'Agneau, » mais je me sens pris de pitié pour la bêlante créature. — Et quand je fais de la politique, ce ne sont pas les vampires qui sucent le meilleur sang du peuple, ce sont les masses qu'ils oppriment, que j'aime, moi, et que je respecte!

Les Hommes de 92.

Dans quelques jours, le 22 septembre, on fêtera le quatre-vingt-dix-neuvième anniversaire de la fondation de la première République.

Le 22 septembre 1792, la Convention faisait proclamer que « la royauté était abolie en France. »

Le moment alors était solennel, pour ne pas dire tragique.

La France, envahie par les armées de la coalition des souverains étrangers, avait dû suppléer à l'insuffisance de ses troupes, désorganisées par l'émigration, par un appel aux *volontaires de 92*.

L'émotion était grande dans tous les cœurs, car l'on ignorait le sort des armées de la République.

On peut dire qu'en septembre 1792, comme en septembre 1870, la République fut une nécessité de défense nationale.

On le comprenait si bien, que ce grand changement se fit sans résistance, en quelques heures.

On venait de proclamer la « souveraineté du peuple. »

« Vous avez consacré la souveraineté du vrai souverain, s'écrie Manuel; ce n'est pas tout, il faut le débarrasser de son rival, le faux souverain, le roi. »

Un moment d'hésitation se produisit; il faut, dit-on, laisser le peuple en décider.

C'est alors que l'abbé Grégoire s'indigne de ces atermoiements :

« Certes, dit-il, aux applaudissements de tous, personne ne proposera jamais de conserver en France la race funeste des rois.

« Mais il faut pleinement rassurer les amis de la Liberté. Il faut détruire ce talisman, dont la force magique serait propre à stupéfier encore bien des hommes.

« Je demande donc que, par une loi solennelle, vous consacriez l'abolition de la royauté. »

Un instant après, comme on proposait encore d'attendre, il trouva des mots décisifs :

« Qu'est-il besoin de discuter, quand tout le monde est d'accord?

« Les rois sont dans l'ordre moral ce que sont les monstres dans l'ordre physique.

« Les cours sont l'atelier du crime, le foyer de la corruption.

« L'histoire des rois est le martyrologe des nations. »

Il se fit un profond silence et l'abolition fut votée *à l'unanimité.*

Le duc d'Orléans (l'arrière-grand-père du comte de Paris) vota, comme tous ses collègues, l'abolition de la monarchie !

Et tout le monde, alors, sentait si bien que la royauté était le danger de la situation que, lorsqu'elle eût été officiellement abolie, la satisfaction fut générale.

Il se produisit une hausse marquée des fonds publics.

Et le lendemain de cette séance solennelle de la Convention, la France apprit à la fois la proclamation de la République et la défaite des envahisseurs prussiens et autrichiens, arrêtés à Valmy.

L'Alsace et Nice françaises.

Nos lecteurs savent qu'au Congrès *dit* de la Paix, qui se tient à Rome, il a été convenu à l'avance qu'on ne discuterait pas les questions internationales relatives au traité de Francfort. C'est à la suite de cette promesse exigée par les Allemands que l'honorable M. Bon-

ghi, le président et le promoteur du Congrès, avait donné sa démission. Mais il y a eu plus fort depuis, car, à l'inauguration du Congrès, le crispant Crispi a prononcé une de ces allocutions où il excelle
et dont nous extrayons ce passage, qui indique un aplomb phénomé-
nal :

La revision de la question des nationalités est un grave problème pour
l'Europe, et on ne pourra que servir la cause de la paix en ne cherchant pas
à résoudre ce problème. Parmi les grandes puissances de l'ancien monde,
il n'y en a pas, si l'on en excepte l'Italie, qui n'aurait pas à restituer une
portion de territoire si l'on rétablissait les nations sur leurs bases naturelles.

La France, l'Angleterre, la Russie, l'Autriche, ne sont pas exemptes de
ce péché.

*Que dirait la France si l'on discutait, au Congrès de Rome, au point de
vue du droit international, la question de la restitution de Nice et de la Corse.*

De la Corse, inutile de parler. Comme l'a dit un de nos confrères
parisiens, M. Crispi a certainement voulu rire.

Quant à Nice, chacun sait — excepté Crispi — qu'elle s'est don-
née librement à la France, et que la population niçoise a été presque
unanime, en 1860, à manifester par un plébiscite sa volonté de *rede-
venir* française. Tandis que la Lorraine et l'Alsace ont été arrachées,
au contraire, par la force et malgré leur volonté, à la France, leur
mère-Patrie.

Aussi bien, puisqu'il y a des gens d'une ignorance aussi profonde
que leur mauvaise foi, il nous paraît bon de leur faire ici une courte
leçon d'histoire.

C'est, en effet, un rare et beau spectacle que de voir, vingt ans
après la conquête, une province arrachée par la force du sein d'un
pays auquel elle appartenait depuis plus de deux siècles, résister à
la domination morale d'un grand empire qui se l'est appropriée sans
la consulter, pour conserver le culte de la Patrie perdue !

Et nous comprenons, jusqu'à un certain point, que des gens
comme Crispi — vaniteux et ignorants — ne puissent s'expliquer la
cause de ce phénomène presqu'unique dans l'histoire moderne.

Mais c'est une chose toute simple et qui paraît bien naturelle, à
quiconque a lu attentivement l'histoire des années qui s'étendent de
1648 à 1871, de la date du traité de Westphalie, qui nous donna l'Alsace, à celle du traité de Francfort, par lequel elle nous fut reprise
malgré ses protestations et ses sentiments de haine pour le vainqueur.

Quand nous prîmes possession de l'Alsace, en 1648, elle était converte de ruines; sa population malheureuse ne comptait que 250,000 habitants; son industrie et son commerce étaient dans un tel état qu'on peut dire qu'ils n'existaient pas. Écrasés d'impôts, accablés par une misère profonde, les Alsaciens accueillirent avec joie la nouvelle de leur entrée dans l'unité française. Plusieurs villes, dont Strasbourg, se donnèrent à la France d'un mouvement spontané, impatientes de secouer le joug des princes et des évêques qui les pressuraient.

Et, pendant les deux siècles et plus qu'elles restèrent françaises de fait, les cités d'Alsace connurent la plus admirable prospérité; leur population se décupla, leur commerce et leur industrie en firent la province la plus riche de France.

Pendant ces deux siècles, l'Alsace vécut de notre vie nationale, combattant et vainquant avec nous, partageant avec nous la bonne et la mauvaise fortune, acclamant avec nous l'aurore de la Liberté. L'Alsace, la première, chanta la *Marseillaise*.

C'est ainsi que, libre de ses mœurs et de ses coutumes, comme de ses affections, l'Alsace a joui, pendant deux siècles, des bienfaits de l'indépendance et de la prospérité matérielle, sous l'égide de sa Patrie d'adoption, de la grande Patrie française.

Et de cette communion intime de pensées, d'actes et de sentiments, est né cet amour de la France que ni les promesses, ni les séductions, ni les menaces, ni la terreur n'ont pu détruire, ni même entamer un seul jour.

Depuis son annexion forcée à l'empire allemand, au contraire, l'Alsace a décliné dans sa prospérité; les ruines qu'y avaient amoncelées les sombres jours de 1871, se sont accumulées depuis, bien loin de disparaître; des masses d'ouvriers ont abandonné le sol natal pour fuir le régime abhorré du vainqueur; de grands industriels ont transporté au-delà de la frontière les usines et les manufactures qui avaient fait jadis la fortune du pays; et, pour comble de malheur, des bandes d'Allemands affamés, attirés par la richesse réputée de cette province, se sont abattus sur elle comme des oiseaux de proie, et, criquets malfaisants, ont tari en moins de vingt années les sources de sa prospérité et de son antique splendeur.

Quant à nos malheureux frères d'Alsace, qui sont demeurés là-bas, mais qui ont envoyé leurs fils sur la terre de France, il ne leur est plus permis de les recevoir chez eux, et la douce langue de leurs pères a été proscrite dans les écoles, dès le lendemain de la conquête.

Un pays mort, désolé, là où était l'aisance et la joie, voilà ce qu'a fait l'Allemagne de cette vieille terre française.

Et voilà pourquoi, *signor Crispi*, l'Alsace reste de cœur française. Auriez-vous la prétention d'insinuer que Nice reste, elle aussi, de cœur à l'Italie? Vous savez bien que non. Ignoreriez-vous donc ce que personne n'ignore en France? — Et voulez-vous que je vous dise quelques lignes seulement de la pétition qu'adressaient les représentants de l'ancien comté de Nice à la Convention, en 1792?

Nous députons vers vous deux citoyens recommandables par leur patriotisme, ils vous exprimeront avec quelle impatience les citoyens de cette importante contrée attendent la nouvelle de leur adoption par *leur primitive Patrie, la République française, dont ils n'auraient jamais dû être séparés.*

Ensuite, ignorez-vous aussi que le traité de 1860, en vertu duquel la Savoie et Nice furent restituées à la France par Victor-Emmanuel, fut sanctionné par les populations de ces départements, et qu'il y eut presqu'unanimité à voter *oui*, des deux parts?

Dans ce cas, vous seriez le seul à ignorer ces choses-là, et votre ignorance serait sans excuse. Mais nous pensons plutôt que — comme votre vanité — c'est votre mauvaise foi qui est sans égale. Et, l'œil méprisant, mais l'esprit tranquille, nous sourions de pitié devant vos provocations et vos sottises, et nous passons.

Car vous n'empêcherez pas que (selon le mot d'un des nôtres) nous tous, Savoisiens et Niçois, nous aimions notre grande Patrie *comme une mère qu'on a retrouvée et qu'on ne veut plus perdre.*

Tribunal international.

Sur la proposition de M. Frédéric Passy et de quelques-uns de ses collègues italiens, qui ont appuyé chaleureusement le délégué français, le Congrès de Rome a décidé que, dans sa réunion de l'an prochain, il discuterait à fond la question de l'arbitrage international.

Certes, nous n'ignorons pas ce qu'il peut y avoir d'illusoire dans ces tentatives tendant à mettre un terme au fléau de la guerre, qui met en péril l'existence même de la vieille Europe.

Mais nous ne sommes pas non plus de ceux qui sourient de ces idées généreuses qui n'ont que le défaut — si c'en est un — de commencer à faire leur chemin, au lieu d'être acceptées partout comme des vérités qui déjà ont couru le monde.

A ce compte-là, du reste, on risquerait fort de se moquer de trop de choses, dans une société qui sans cesse recherche de nouveaux progrès, à une époque où l'utopie, le rêve de la veille sont les réalités du lendemain.

C'est pourquoi, de même que nous comprenons, que nous approuvons les efforts faits dans l'ordre économique, pour amener la cessation de l'état de guerre entre le capital et le travail; de même, aussi, nous applaudissons à tous ces grands et nobles cœurs qui veulent arriver à faire cesser les guerres injustes et fratricides, ces restes de l'antique barbarie qui sont la honte de la civilisation.

Instituer un tribunal international d'arbitrage, qui juge équitablement et souverainement les litiges pendants entre les nations, c'est là, peut-être bien, un de ces rêves dont trop de gens sourient.

Mais, encore une fois, s'il n'y avait jamais eu ni utopies ni utopistes, l'humanité en serait peut-être encore à l'état sauvage. Car tous les grands progrès sociaux ont eu pour points de départ des rêves utopiques.

Ce qui, d'ailleurs, nous porte à croire que l'arbitrage international n'est pas tant l'utopie qu'on pense, c'est que sa réalisation est devenue une condition de vie ou de mort pour les sociétés modernes.

Déjà, la vieille Europe plie sous le fardeau, depuis que le meilleur des forces sociales est absorbé par le militarisme.

Encore trente ans, et, en Europe, ce sera la ruine des gouvernements, la banqueroute universelle.

Déjà, le gouvernement italien semble être à bout de souffle et trouve avec peine les moyens de suffire aux charges militaires, depuis qu'il s'est fait le satellite de l'Allemagne.

A des degrés divers, tous les gouvernements font flèche de tout bois pour trouver les ressources qu'il leur faut, et, selon l'expression populaire, « ils tirent le diable par la queue. »

Or, le jour où l'un d'eux verra ses finances sombrer à l'approche du spectre de la banqueroute, tous les autres seront, du même coup, entraînés fatalement dans sa chute.

Une catastrophe financière de l'un atteindra sûrement les autres.

Ce sera la dislocation finale de tout l'édifice social.

Pendant ce temps, le Nouveau-Monde aura pris la place de la vieille Europe. Dans cinquante ans, les Etats-Unis d'Amérique compteront cent millions d'habitants, et le roi Dollar triomphera avec la jeune Amérique. Déjà cette dernière a liquidé la dette de la guerre de sécession, et ne sait plus que faire de l'argent qui abonde dans ses caisses.

Croit-on que, lorsque la hideuse banqueroute sera à ses portes, l'Europe pèsera bien lourd — au point de vue militaire comme au point de vue commercial et industriel — devant la riche Amérique ?

On voit que le système des armements à outrance, rendu nécessaire par l'ambition et les convoitises germaniques, prépare, sinon à nous, à nos enfants du moins, un bel avenir !

Aussi faut-il comprendre et louer ceux qu'une perspective pareille ne réjouit pas.

Et c'est pourquoi nous applaudissons sincèrement à leurs efforts, tendant à la constitution des États-Unis d'Europe.

Honneur à ces vaillants pionniers de l'avenir, à ces apôtres de l'humanité, à ces soldats de la civilisation ! Et souhaitons que le succès final couronne leurs nobles efforts. Espérons — comme l'a dit Renan dans une récente interview — « que, dans quelques années, si la guerre n'a pas éclaté, nous assisterons sans doute à de vastes désarmements et que la sagesse reviendra peu à peu à l'Europe. »

Ainsi soit-il !

Les Races inférieures.

On s'est beaucoup occupé, ces temps derniers, de l'Algérie, à la Chambre, dans la Presse, et particulièrement au Sénat. On y a discuté les griefs des Arabes, et leur situation matérielle et morale, qui est loin d'être bonne, semble-t-il.

Là, comme ailleurs, malheureusement, on a un peu trop abusé des procédés arbitraires et injustes du fort contre le faible, qui se croit tout permis parce qu'il est le maître, sans songer qu'un jour vient où le plus faible, devenant à son tour le plus fort, use de représailles et se venge terriblement.

On a beaucoup médit, autrefois, des *bureaux arabes*, et les partisans du Gouvernement civil de l'Algérie avaient beau jeu, pour flétrir les injustices et les cruautés du régime du sabre, bon tout au plus pour la conquête, mais dangereux une fois la conquête finie.

Eh bien ! il est avéré maintenant que les Arabes en sont à regretter, ce qu'on appelait jadis les horreurs des bureaux arabes, et qu'ils sont cent fois plus malmenés, molestés, pressurés par les fonctionnaires civils que du temps du régime militaire.

Pendant ces dernières années, pour l'Arabe, tout a été bon, tout est permis; la justice n'existe pas pour lui; il est, comme le serf du Moyen-Age, taillable et corvéable à merci.

Etonnez-vous, après cela, qu'il ronge son frein en maugréant, en faisant le poing dans sa poche, tout prêt à nous sauter dessus à la première occasion! Si c'est là ce qu'on appelle *coloniser*, en France, il faut reconnaître que nous nous y prenons bien mal. Vienne une guerre européenne, et les trois millions d'Arabes de l'Algérie s'empresseront de secouer le joug français, et de nous jeter à la mer.

Car ils sont *trois millions* et plus, en Algérie. C'est un chiffre qui, on en conviendra, mérite d'être compté pour quelque chose. On ne peut pas dire que ce soit là « une quantité négligeable. »

Où sont donc ceux qui prétendaient que les races indigènes, dites *races inférieures*, une fois mises en présence d'une civilisation supérieure, étaient fatalement destinées à disparaître, peu à peu, comme les Indiens de l'Amérique du Nord et les sauvages de l'Australie?

Tout au contraire, c'était une grossière erreur, dont la statistique a fait pleinement justice.

Car, tandis qu'en France le fléau de la dépopulation nous menace, tandis que, chaque année, le chiffre des naissances diminue chez nous sensiblement, la population indigène, en Algérie, s'accroît tous les jours davantage. En moins de vingt ans, elle a augmenté de plus de cinquante pour cent.

Il ne faut donc aucunement compter sur l'extinction de la population arabe pour avoir à nous seuls l'Algérie.

La seule chose à faire, la seule méthode à employer, c'est de nous attacher à la gagner par des bons procédés, par la justice et par l'humanité.

Quand nos mœurs administratives auront changé là-bas, quand nos fonctionnaires ne s'inspireront plus que des sentiments d'équité et de justice qui devraient guider tous les Français quand ils ont affaire à des races d'une civilisation inférieure, on verra que la situation ne sera bientôt plus la même.

Et l'on arrivera parfaitement à opérer, avec les Arabes d'Algérie, un rapprochement que bien des fautes ont empêché jusqu'à présent, et dont la réalisation n'est point aussi difficile qu'on pourrait le croire.

Les Arabes sont assez nombreux pour qu'on puisse dire qu'en Algérie, ce n'est plus nous, pour ainsi dire, qui tenons garnison chez eux, mais eux qui tiennent garnison chez nous : la chose est grave, si nous persistons plus longtemps à les traiter comme des brutes. Ce n'est pas ainsi, selon nous, que doit en agir, d'ailleurs, une grande République comme la nôtre.

Les Juges de Dijon.

Vous la connaissez tous, cette morale *immorale*, qui peut se résumer ainsi : tout est permis aux riches, tout est refusé aux pauvres.

Encouragements prodigués au jeune homme de famille qui s'amuse, même aux dépens des jeunes filles pauvres, de leur honneur, de leur réputation et de leur avenir. Haro sur ces malheureuses qui, faibles femmes, ont succombé au besoin d'aimer!

Et la magistrature, en cela, se basant du reste sur nos lois qu'on ne peut guère appeler de « justes lois, » était d'accord avec le solennel M. Prud'homme, type du bourgeois qui déclare très gravement : « J'ai lâché mon coq, gardez vos poules. »

Or, voici que la Cour de Dijon vient de rendre un arrêt qui, ma foi, vaut la peine d'être signalé, et qui réjouira tous les gens de cœur. La jurisprudence nouvelle admet que lorsqu'une femme a tout quitté pour celui qu'elle aime, qu'elle s'est montrée pour lui compagne dévouée et fidèle, lorsqu'il y a entre eux vie commune prolongée et soins mutuels, cette femme, qui a eu la possession d'état de femme légitime, a des droits réels sur cet homme.

Voici, du reste, l'affaire qui a été jugée devant la Cour de Dijon, et dont nous empruntons le récit à l'*Intransigeant* : Le fils d'un riche tanneur de Semur séduisit en 1884, une jeune et gentille modiste de la ville, Mlle Félicie Mathieu.

Sur ses instances pressantes, elle abandonna même son commerce, vint le rejoindre à Paris et ouvrit bientôt après, à Clichy, un atelier de couture.

Les deux amants y vécurent maritalement. Ce n'est même que sous le nom de Mme Bizouard) que la modiste était connue à Clichy. En 1887, la jeune femme donna le jour à une petite fille, et M. Félix Bizouard songea à épouser la mère de son enfant.

Mais la famille refusait obstinément son consentement. Le jeune homme fit signifier des actes respectueux. Il était en règle avec la loi et pouvait légitimer son union... quand, brusquement, après tant de preuves d'amour il se lassa de sa maîtresse — qui venait de lui donner une seconde fille — et, l'abandonnant sans ressources, retourna à Semur. Félicie Mathieu dut confier sa deuxième fille à l'Assistance publique et, après avoir vu son mobilier vendu faute d'avoir pu payer son loyer, elle revint à son tour à Semur, où elle essaya vainement de reconstituer son ancienne clientèle.

Finalement, elle intenta une action en dommages-intérêts à son séducteur.

Après l'audition de nombreuses lettres qui ont été produites au cours des débats, la Cour a condamné M. Félix Bizouard à payer à Mlle Mathieu 20,000 fr. de dommages-intérêts. Ce qu'il y a surtout d'intéressant à constater, c'est que l'arrêt s'appuie sur ce que « rien ne donne lieu de croire que M. Bizouard ait été amené à prendre la résolution d'abandonner sa maîtresse par suite d'une faute quelconque de la demoiselle Mathieu. »

Il ajoute « que des obligations pécuniaires s'imposaient *tout au moins*, en pareil cas, à tout homme d'honneur, et qu'elles étaient dans la circonstance rendues plus étroites par le désintéressement dont la demoiselle Mathieu n'avait cessé de donner la preuve » (ce qui résultait d'ailleurs très clairement des débats). Enfin, la Cour se base sur ce fait important que Bizouard reconnaissait formellement l'existence de *promesse de mariage*, en autorisant Mlle Mathieu à porter son nom.

Voilà, enfin, des juges assez justes pour juger, en leur âme et conscience, qu'une réparation est due à une pauvre fille aimante et désintéressée, qui a tout quitté pour suivre l'homme dont son cœur avait fait son maître !

Nous espérons que cette manière éminemment juste d'envisager les questions de cette nature trouvera des approbateurs dans les autres prétoires de France, et que cet exemple sera suivi, de façon à établir, enfin, une jurisprudence conforme au bon sens et à l'équité.

Eh ! quoi, l'on accorderait des dommages-intérêts pour tout préjudice causé à autrui, excepté pour le plus grand dommage qui puisse être porté à une pauvre femme: sa réputation et son honneur ! En vérité, c'est tellement inique que cela ne se conçoit même pas, dans une société civilisée. Aussi adressons-nous nos chaleureuses félicitations aux hommes de cœur qui rendent la justice à la Cour de Dijon. C'est toujours une satisfaction que de voir des hommes rester *humains*, même sous la robe du juge, ce qui n'arrive pas toujours. Et l'on ne peut considérer qu'avec joie le coup de pied donné par la justice elle-même, dans les basques de l'habit étriqué et vraiment démodé de Joseph Prud'homme.

La morale bourgeoise est bien malade, si les juges eux-mêmes s'en mêlent. Pour dire vrai, ce n'est pas nous qui la regretterons.

Un Instrument de Tyrannie.

Les réformes judiciaires sont au nombre de celles qu'on nous promet depuis très longtemps et qui sont le plus vivement réclamées par l'opinion publique.

Nous avons applaudi à la réforme des frais de justice, toute incomplète qu'elle fût, parce que nous la considérions comme un acheminement vers une refonte plus radicale et plus complète de nos lois judiciaires.

Nous avons rappelé la nécessité et l'urgence qu'il y avait, pour les Chambres, à voter enfin le projet de loi depuis si longtemps promis sur la compétence des juges de paix. Mais, hélas! disions-nous, il y a là cette sempiternelle *question d'argent* qui s'oppose à l'adoption de cette réforme, comme à celle de tant d'autres tout aussi justes, tout aussi utiles et tout aussi démocratiques.

Eh bien! n'y a-t-il donc pas, tout au moins, d'autres réformes qu'il soit possible de faire tout de suite, sans dépenses nouvelles, dans les lois judiciaires qui régissent les Français en l'an de grâce 1892?

Ne peut-on modifier aucun des rouages inutiles — ou nuisibles — de notre vieille machine judiciaire?

Il nous semble que si. *La réforme du Code d'instruction criminelle* est au premier rang de ces réformes, aussi urgentes que justes, qui pourraient être faites dès à présent sans demander un centime au budget.

Les trois quarts des articles du *Code d'instruction criminelle* ne sont que la reproduction des ordonnances de Louis XIV!! (Vous avez bien lu : de Louis quatorze!)

Est-il admissible, je vous le demande, que cent ans et plus après la Révolution, nous soyons encore régis par une législation arbitraire qui date de 1670? — Cet instrument gothique et inquisitorial peut devenir très dangereux pour la liberté des citoyens, sous un Gouvernement qui aurait des velléités de dictature (occulte ou avouée) ; car alors il devient un instrument de tyrannie tout prêt à le servir. Ainsi, que dire de cette chose inique, qui devient parfois monstrueuse dans la pratique, et qu'on nomme : *la prison préventive ?*

On a frénétiquement applaudi — et avec raison — à la prise de la Bastille ; on s'est félicité de l'abolition de ce qu'on appelait : *les lettres de cachet*, sous l'ancien régime, et l'on a porté aux nues la déclaration des Droits de l'Homme, portant que : nul ne pourrait être emprisonné que par suite d'une condamnation.

Eh ! bien, mais, que faites-vous donc de la prison préventive ?

N'est-ce pas la même chose sous un autre nom ? Décidément, le Français, que l'on dit né malin, se paye bien souvent de mots ! et ce qu'on lui en fait accroire !...

Vous souriez ? et pour un peu vous me diriez que je plaisante et suis en veine de paradoxes ? amis lecteurs — Hélas ! non, rien n'est plus sérieux ni plus vrai.

Le juge d'instruction possède, de par le Code d'instruction criminelle, lequel date de 1810, le droit de faire jeter en prison un citoyen sans jugement, et même de faire durer cet emprisonnement aussi longtemps que bon lui semble ! Oui, cet homme tout-puissant (un juge d'instruction) peut garder sous les verroux, un homme quelconque, un jour, un mois, un an, tant qu'il le veut !! Est-ce assez fort ? — Osez donc dire, après cela, que pour certains gouvernements sans scrupules (on en a vu en France), ce ne soit pas un bon moyen pour se débarrasser d'un adversaire politique trop gênant !

Mais ce n'est pas tout : une fois cet homme enfin sorti de prison, — sans qu'on daigne lui dire seulement pourquoi on l'y avait jeté — vous croyez peut-être qu'il pourra faire entendre une réclamation ? Que nenni ; bien heureux qu'il doit se considérer d'être dehors. Et notez qu'il aura pu, d'ailleurs, être maintenu *au secret* pendant tout le temps de sa détention, qu'on nomme ironiquement *préventive* (!!) Or, dans nos prisons départementales, qui ne sont pas cellulaires, le secret, c'est tout bonnement le cachot !

N'avions-nous pas raison de dire que, cent ans après la Révolution, les Bastilles existaient encore, de par le Code d'instruction criminelle ?

Il serait temps d'abolir toutes ces lois tyranniques, vieux restant de barbarie digne tout au plus d'un autre âge.

Supériorité de la République.

Ne trouvez-vous pas, amis lecteurs, que la différence des langages tenus simultanément par l'empereur d'Allemagne et par le président de la République française est de nature à frapper tous les esprits capables de réflexion?

Tandis que Guillaume II porte des toasts belliqueux — voire même d'une inconvenance de soudard et d'une grossièreté de parvenu — M. Carnot se contente de constater, avec un légitime orgueil, le relèvement définitif de la France et sa brillante rentrée dans le monde européen. L'un, le César germanique, évoque la force et tâche d'être insolent; sa parole retentit comme un coup de clairon sonnant le « garde à vous! »

L'autre, le chef élu d'une République, garde, au milieu des millions de baïonnettes qui protègent la Patrie française, la dignité et la courtoisie qui conviennent à qui se sent fort de son droit.

« Ni faiblesse, ni jactance, » telle est, en effet, la devise d'une République.

Certes, la France — quoique prête à faire la guerre — veut la paix.

Mais supposez-lui, à l'heure actuelle, un roi ou un César quelconque, et imaginez où nous en serions ? Il suffit, pour s'en faire une idée, de se rappeler 1870. Oui, supposez, en ce moment, un homme assis sur un trône chancelant, désireux de consolider son pouvoir menacé par la démocratie; supposez-le en face de l'Allemagne insolente de Guillaume II.

Croyez-vous, de bonne foi, qu'il résisterait longtemps à la tentation de renouveler la folie de 1870?

Mais voici précisément où est la différence d'avec 1870 : aucun homme ne peut, aujourd'hui, imposer sa volonté à la France maîtresse d'elle-même.

L'Allemagne, au contraire, bien que voulant la paix, peut être, d'un jour à l'autre, forcée par son souverain à faire la guerre; elle ne s'appartient pas.

La France, elle, tient dans ses mains ceux qui la gouvernent, et là est justement la meilleure garantie de l'Europe, contre les horribles malheurs qui seraient la conséquence forcée d'une guerre nouvelle.

Telle est la supériorité incontestable de la République.

État d'esprit réactionnaire.

Une chose des plus curieuses à étudier, c'est l'état d'esprit fort bizarre de la plupart de nos parlementaires, état d'esprit dont ils ne se doutent, du reste, pas du tout.

Ils sont, à ce sujet, comme les maris qui... le sont, c'est-à-dire les seuls précisément à ne pas s'en apercevoir.

Ils sont, ou du moins ils se croient, de très bonne foi, républicains : et ils ont toutes les pratiques, tous les préjugés de la monarchie.

Les événements de ces derniers temps ne l'ont que trop prouvé, à supposer que cette nouvelle preuve fût encore nécessaire!

On connaît le mot de Napoléon III à la veille du 2 décembre :

« Que les bons se rassurent et que les méchants tremblent! »

Les bons, naturellement, c'étaient les mauvais citoyens qui devaient se prosterner devant le crime du coup d'État triomphant.

Les méchants, c'étaient les grands cœurs, les fières intelligences qui devaient, comme Victor-Hugo, protester courageusement contre la honte imposée au pays qui avait fait 89.

Avec les tristes parlementaires, approbateurs patentés du régime oligarchique qui nous régit, on retrouve, dans une certaine mesure, cette façon de raisonner, de parler et d'agir qui, pour nous vrais républicains, caractérisent parfaitement un parti ou un homme.

A propos des récentes explosions, nos bons opportunistes ont réclamé plusieurs mesures où l'arbitraire côtoie généreusement l'ineptie.

Nous avons déjà parlé, ici même, à deux reprises différentes, des modifications que ces bons apôtres désiraient faire subir à la loi sur la liberté de la Presse.

Modifications qui n'ont l'air de rien pour des esprits superficiels, mais dont l'importance capitale ne fait assurément aucun doute pour tous ceux qui comprennent quelque chose dans les questions politiques.

Or, nous le répétons une fois de plus; toucher à la liberté de la Presse, c'est toucher à la base même de toutes nos libertés; car, sans celle-là, toutes s'écroulent, et il n'y a plus que le despotisme, l'arbitraire d'un pouvoir sans contrôle : ce n'est plus du tout la République.

Nous pensons, nous, que sous le prétexte de rassurer la bourgeoisie, il n'est pas nécessaire de chercher à effrayer les socialistes, par des menaces vaines, ni de provoquer les républicains par des mesures de réaction qui seraient la honte de la République, sans être le salut de la bourgeoisie.

Et nous disons que ceux qui se font les thuriféraires de cette politique qu'on appelle « la politique à poigne, » ceux qui s'extasient devant les pouvoirs qu'on appelle les « pouvoirs forts, » ceux qui, en un mot, ont pour idéal de gouvernement un ministère Ferry-Constans, ceux-là, disons-nous, n'ont vraiment de républicain que le nom, et ne sont pas dignes d'être les petits-fils de nos aïeux de la grande époque.

« Dis-moi qui tu hantes, je te dirai qui tu es, » dit un proverbe bien connu. Dites-moi si vous êtes *pour* ou *contre* la liberté de la Presse, dirons-nous à notre tour, et nous verrons immédiatement ce que vous êtes. Car, de même que, selon le mot profondément juste de Clémenceau, notre grande Révolution est *un bloc* dont on ne peut rien détacher sans ébranler tout l'édifice, de même aussi la Liberté est une chose *une et indivisible*, qu'il faut accepter ou repousser en bloc, avec toutes ses conséquences naturelles.

C'est sur cette question surtout qu'on peut compter, à coup sûr, les vrais, les sincères républicains.

Le Privilège de la Banque de France.

Nos lecteurs ont pu voir que nous approuvions complètement l'honnête et courageuse campagne menée contre le renouvellement du privilège de la Banque de France. Nous ajouterons que s'il y a une chose qui nous surprenne, c'est que tous nos confrères de la Presse *républicaine*, sans exception, ainsi que tous les députés *républicains*, ne combattent pas énergiquement, comme nous, *tel qu'il est*, ce privilège dont le maintien serait presque un crime anti-national.

Nos éminents confrères Millerand et Camille Pelletan ont démontré, comme Morès et Drumont, que la Banque de France, instrument de crédit et de richesse, au lieu de servir le peuple travailleur, ne servait, au contraire, qu'à l'exploiter, parce qu'elle est entre les mains d'individus dont l'exploitation est l'unique métier. Il s'agit de savoir si la fortune française doit rester trente ans encore entre ces mains-là.

Nous répondons : *non*, énergiquement, sans hésiter.

Il est temps que la Banque de France soit réellement une Banque nationale, comme son nom l'indique assez. Et nous déclarons souverainement absurbe, et antipatriotique au premier chef, de confier cet établissement à un membre de cette famille cosmopolite, qui, ainsi que le disait Rochefort, commande en maître à toute la finance internationale, à un homme dont les frères, les cousins, installés les uns en Allemagne, les autres en Italie, les autres en Autriche, commanditent au su de tous les coalisés de la Triple-Alliance, contre nous.

M. Pelletan nous a raconté, du reste, la façon patriotique dont la Banque de France avait compris, en 1870-71, ses devoirs envers le pays. Or, un bon averti en vaut deux. Et nous serions impardonnables de ne pas tirer profit des tristes enseignements du passé. Le renouvellement de son privilège est pour nous, après cela, véritablement une question de vie et de mort, de même qu'il l'est également pour les hauts barons de la rue Laffitte.

Si le privilège est maintenu, il faut au moins placer la Banque plus directement qu'elle ne l'est sous la coupe gouvernementale.

Il faut que l'État ait main-mise sur elle, qu'il soit représenté au Conseil de Régence autrement que par un gouverneur impuissant, malgré ses efforts.

Il est juste, enfin, de faire dériver vers l'État et le commerce une bonne portion des profits qui enrichissent actuellement les seuls actionnaires.

Il faut que la Banque partage, dans une large proportion, désormais, ses bénéfices avec l'État.

Est-il admissible, je vous le demande, que lorsqu'à l'étranger les Banques d'État assument la charge des grands services publics — qui chez nous coûtent fort cher au budget;

Tandis qu'elles paient un intérêt aux dépôts du Trésor — qui chez nous ne touche rien et paie cher ses emprunts;

Tandis qu'elles paient des taxes de circulation — qui pour notre Banque n'existent pas;

Tandis qu'elles partagent avec l'État leurs bénéfices et ne servent en quelque sorte à leurs actionnaires qu'un dividende *maximum;*

Tandis qu'elles sont tout entières dans la main et sous la coupe de l'État;

Est-il admissible, je le répète, qu'en France, dans le pays qui a

fait la Révolution de 1789 et donné aux États modernes l'exemple
des Constitutions libérales et des moyens de gouvernement conformes
à l'esprit contemporain, notre Banque, dite d'État, gavée de privilèges
et d'argent gratuits, ne rapporte pas un sou vaillant au Trésor, lui
coûte de l'argent, méconnaisse les intérêts du public, reste sourde
aux doléances du commerce, et demeure cantonnée dans les régions
sereines du gros dividende, sans profit pour personne autre que ses
actionnaires ?

Poser la question, c'est la résoudre. Il faut qu'une pareille
situation prenne fin.

Nous voulons espérer que la représentation nationale saura faire
son devoir, tout son devoir.

La Grève de Carmaux.

Il est évident qu'à notre époque, une grève est un événement :
elle émeut et passionne; alors que la chute d'un ministère, en
revanche, passe presque inaperçue et laisse fort indifférent.

Il est donc impossible, actuellement, à un journaliste digne de ce
titre, de ne pas dire toute sa pensée au sujet de la grève de
Carmaux.

Tout le monde connaît les misères de la vie du mineur. Et chacun
se sent pris d'une immense pitié pour ces déshérités de la vie, pour
ces pauvres gens qui peinent et qui souffrent, qui n'ont pas ici-bas
leur part de soleil et de bonheur.

Cette pitié ne va pas, du reste, sans une sorte de remords. Il nous
semble que lorsqu'un être humain meurt de faim, ou même simplement souffre dans le monde, nous sommes tous quelque peu coupables
de sa mort ou de sa misère. Nous nous sentons solidaires de nos
frères moins heureux, et, quand nous entendons parler de leur
misère, notre bonheur nous pèse comme une amère injustice. Il y a
sur nous comme le souvenir de quelque grande iniquité très lointaine,
effacée, dont l'héritage nous accable, et que nous voudrions réparer.

Aussi la Liberté ne nous suffit-elle plus, car nous rêvons d'une
justice idéale et supérieure, qui donnerait à chacun au moins un
minimum de bien-être et de bonheur.

On sait qu'au *Phare* nous sommes de ceux qui désirent ardem-
ment voir notre société meilleure, moins dure aux faibles et aux
petits, plus juste et plus équitable.

Cela, c'est le socialisme de la définition de Prudhon : *l'aspiration vers l'amélioration de la société.*

Oui, malgré nous, devant les revendications, parfois même un peu outrées, des travailleurs, nous nous demandons si, en effet, ces braves gens n'ont pas raison, quand ils réclament plus de pain, plus de bien-être, plus de justice.

Et c'est ainsi que, dans cette grève malheureuse de Carmaux, où tout un petit monde intéressant de trois mille êtres humains se serre le ventre, opiniâtre dans sa résistance aux tyranniques exigences de gros messieurs, riches et considérés, mais peu louables dans leur âpreté à la lutte et dans leur froid égoïsme d'enrichis, tous les gens de cœur, les républicains, se sentent pencher vers les grévistes et les encouragent de leurs sympathies.

Et cela, certes, n'est que justice.

En quoi se résume, en effet, cette grève qu'on pourrait appeler « politique »?

En ceci, que les capitalistes de Carmaux ont, au mépris de la loi qui admet le droit de tous les Français de 25 ans à l'éligibilité, manœuvré fort injustement pour qu'un de leurs ouvriers, M. Calvignac, ne pût devenir, ou, une fois élu, ne pût demeurer le maire de sa commune.

Car personne, pensons-nous, n'oserait prétendre que, si M. Calvignac n'eût pas été élu maire de Carmaux, il eût été remercié quand même par la direction de la mine.

On peut bien dire que, dans ces conditions, cette grève n'a eu lieu que pour la revendication d'un droit politique.

Or, on a beau dire, l'homme, l'homme de notre époque surtout, le citoyen de 1892, ne vit pas seulement de pain, et les travailleurs sont bien excusables de protester avec énergie quand on essaie de leur interdire *en fait* l'accès des fonctions électives.

On leur a suffisamment dit, sur tous les tons, depuis vingt ans, que la République avait pour jamais remplacé le fusil par le bulletin de vote, que l'ère des violences devait être close, et qu'il serait criminel, pour des citoyens libres d'une libre République, d'avoir encore recours à la force, puisqu'on leur donnait désormais le moyen pacifique de faire prévaloir leurs volontés.

Dès lors, comment voulez-vous que ces gens-là ne se révoltent pas, lorsqu'ils envoient un des leurs siéger dans une assemblée élective, et qu'on leur répond effrontément : « Halte-là! permettez; il faut choisir entre l'usine et la mairie : ou maire, sans pain, ou serf, c'est l'un ou l'autre; il n'y a pas de milieu ! Cela vous apprendra à ne plus voter pour le marquis de Solages ! »

Nous le déclarons hautement : il est impossible, parce qu'il serait injuste et cynique au suprême degré, que, grâce au patronat, les fonctions électives demeurent à jamais fermées aux travailleurs.

Ce serait, qu'on le veuille ou non, forcer les travailleurs à n'avoir plus d'espoir que dans les mesures violentes et dans les solutions désespérées, pour la juste amélioration de leur sort.

Mais, fort heureusement, les gens de cœur et de bon sens sont nombreux en France.

Ils ne permettront pas qu'en cette circonstance le droit des humbles soit outrageusement violé.

C'est, pour tous les républicains, un devoir sacré de soutenir énergiquement les droits du suffrage universel et de les maintenir purs de toute atteinte.

Ce devoir, en tout cas, au *Phare*, nous n'y faillirons pas.

La Presse et la Sûreté de l'Etat.

Nos lecteurs connaissent les dispositions du projet de loi déposé par le ministère Loubet, sur le régime de la Presse.

Nous devons à la vérité d'avouer que ce projet n'est pas aussi réactionnaire qu'il aurait pu l'être, puisqu'il ne va pas jusqu'à remplacer, dans les délits à réprimer, la provocation *directe* à des faits qualifiés crimes par la provocation *indirecte*.

On a hésité, au dernier moment, devant un recul aussi notoire sur les idées libérales consacrées par la loi de 1881.

Et c'est fort heureux, vraiment.

Mais — il y a un *mais!* — nous ne devons pas moins repousser de toutes nos forces, de toute l'énergie dont nous sommes capables, le nouveau projet de loi sur la Presse. Car il contient un article qui, à lui seul, suffit pour faire de cette loi un réel attentat à la Liberté. Ce qui serait une honte pour la République.

En effet, l'un des articles de ce projet de loi *autorise l'arrestation préventive pour tout délit commis contre la Sûreté de l'Etat!*

Or, les délits ainsi dénommés ne sont autre chose que des délits exclusivement politiques.

Qui 'ne voit, dès lors, que donner au Gouvernement le droit
d'arrêter *préventivement* des citoyens accusés de ce chef, équivau-
drait à lui permettre d'agir comme le pire des autocrates, livré à ses
seules fantaisies et libre d'agir comme bon lui semble, étant le maître
de ses sujets. Alors qu'en République, il n'y a pas de *sujets* — sinon
quelquefois des sujets de mécontentement — mais seulement des
hommes libres dont les législateurs sont, non les maîtres, mais les
représentants et les serviteurs.

Ce serait le droit à l'arbitraire conféré au Gouvernement; et l'on
sait que les Gouvernements n'ont déjà pas besoin qu'on les invite à
restreindre les libertés publiques; ils se le permettent bien tout
seuls, malgré les lois qui, quelquefois, sont cependant formelles.

A plus forte raison y aurait-il un véritable et grave danger à
armer le Pouvoir d'un droit aussi large et aussi élastique que celui-là.

C'en serait fait, on peut le dire, de la liberté des citoyens.

Et un Gouvernement autoritaire ne se ferait aucun scrupule de
faire arrêter préventivement, pour les garder sous les verrous, tous
ses ennemis politiques.

Car chacun sait que pour un Gouvernement, comploter contre la
Sûreté de l'Etat, c'est se permettre de ne pas avoir, sur toutes les
questions politiques et sociales, la même opinion que lui.

La condamnation de Rochefort est là, d'ailleurs, pour nous faire
comprendre ce qu'on entend par « crime contre la Sûreté de l'Etat »,
si nous avions là-dessus le moindre doute.

Non, vraiment, des républicains convaincus et sincères ne peuvent accepter un projet de loi aussi arbitraire et aussi tyrannique,
et le devoir de tout journaliste qui se respecte est de protester
énergiquement devant un pareil attentat contre la liberté de penser
et d'écrire, la première de toutes les Libertés.

Oui, la première de toutes, et leur base, sans laquelle les autres
s'écroulent et disparaissent sous un vent de despotisme et de
servitude.

Ce n'est pas, en effet, le journaliste qui profite de la liberté de la
Presse. C'est l'ensemble des citoyens, puisque les libertés publiques
sont atteintes lorsqu'est frappée la liberté de la Presse. Celle-ci
disparue, les gouvernants deviennent omnipotents, irresponsables.
Et le jour n'est plus éloigné, où le Peuple redevient esclave, et doit
vivre sous la botte d'un César.

Nihilisme russe et Anarchisme occidental.

Les théories et les pratiques anarchistes font en ce moment l'objet de toutes les conversations, et préoccupent au plus haut point l'opinion publique.

Dans ces conditions, il était intéressant de connaître l'opinion d'un révolutionnaire russe.

Nous nous sommes donc adressé à l'un des plus célèbres de ceux qu'on appelle en Russie « des nihilistes » (1). Mis en rapport par un ami commun, je trouvai un homme charmant qui me dit aussitôt, la main tendue : « Enchanté de faire la connaissance d'un publiciste français, car je suis, moi aussi, un publiciste; mais, hélas ! au lieu de pouvoir dire, comme vous, ce que je crois être la vérité à mes compatriotes, sur les questions politiques et sociales, mes écrits sont arrêtés à la frontière — ce qui ne les empêche pas, il est vrai, de passer — et je suis réduit à errer tristement sur la terre étrangère.

— Monsieur, lui dis-je, vous me voyez également ravi de l'occasion qui m'est offerte de pouvoir causer enfin avec un vrai nihiliste, un nihiliste en chair et en os; car, depuis dix ans que je tiens une plume, j'ai souvent lu des articles de journaux et de revues concernant votre parti, mais j'avoue que je n'étais pas bien sûr de tenir *la vérité vraie* à son sujet. Car, trop souvent, lorsqu'on parle des hommes et des choses d'une nation étrangère, on se fourvoie complètement. Aussi serai-je heureux de pouvoir éclairer enfin ma religion, d'une façon absolument certaine, sur ce que vous êtes réellement.

Ainsi, voyons, approuvez-vous les explosions de nos anarchistes?

A ces mots, mon interlocuteur se redressa vivement, avec un geste résolu de dénégation; sa figure, soudain, s'illumina d'un regard aux flammes d'apôtre et d'un sourire profond et doux; et, tandis qu'il parlait, sa tête intelligente rayonnait de l'auréole des martyrs, et j'étais empoigné, malgré moi, par toutes les fibres de mon être.

« — Nous, approuver vos anarchistes? me dit-il, jamais! Comment approuver ceux qui tuent des enfants et des femmes? Ravachol et ses pareils ne sont pas, ne peuvent pas être un parti politique.

« Non, non, monsieur; avec l'argent couvert du sang d'un vieillard, l'on ne peut fonder des journaux qui défendent la sainte cause

(1) M. Pierre Alissoff.

révolutionnaire. Lorsque nous voulons punir l'homme qui a fait d'énormes injustices, nous évitons d'en faire nous-mêmes de plus immenses encore, en mettant en danger la vie de simples et innocents citoyens.

« Non, il n'y a là aucune trace de ce qui fait l'héroïsme, la grandeur d'un parti révolutionnaire.

« Le parti révolutionnaire doit, en effet, être moralement plus haut que ne le sont les régimes et la société contre lesquels il se révolte.

« Au vice il oppose la vertu, à l'égoïsme l'abnégation sans limite, à la bestialité l'idéal, au servilisme la dignité.

« Qui dit révolution dit changement pour le mieux, le bien-être des masses, et non chambardement inutile et bête comme ces explosions.

« Ainsi nous, en Russie, si nous allons jusqu'aux moyens violents, si nous avons commencé à miner le palais, les chemins de fer, et à jeter des bombes dans les pieds du tsar, c'est parce que tous les moyens légaux pour la délivrance de notre pays nous sont absolument interdits. Il y a là-bas *cent vingt millions d'hommes* qui croupissent dans une abjecte servitude, menés comme un troupeau d'esclaves, sans aucune de vos libertés.

« Nous n'avons, en effet, ni de Parlement, ni de Constitution, ni de liberté de la Presse, ni de suffrage universel, ni de liberté de conscience.

« Et pourtant, croyez-le bien, nous ne sommes pas un peuple qui mérite la honte de sa servitude.

« Il y a chez nous *quarante millions* d'hommes sachant lire et écrire et que l'on mène comme des brutes, avec le *knout* et le cachot.

« Et si *le parti terroriste* est né chez nous, c'est parce qu'à tous nos efforts pacifiques pour amener la grande Russie vers le régime de la liberté, le Gouvernement a répondu par les prisons, l'envoi *de milliers* d'hommes en Sibérie *sans aucun jugement*.

« C'est de là que les premières mines et les premières bombes sont venues.

« Que faire, en effet, sous un tel régime, sinon employer la violence ? Puisque tous les moyens légaux nous manquent pour obtenir satisfaction.

« Chaque Russe est à la merci de la police secrète. *Pour un livre qui n'est pas défendu dans tout le reste de l'Europe, il peut être jeté* en *prison, torturé et mis à mort !* Comment voulez-vous que des hommes, ayant au cœur le sentiment de la dignité humaine, puissent subir, sans se révolter, cet excès d'ignominie et d'injure ? Ce serait le contraire qui étonnerait. (1)

« Mais nous, du moins, quand nous frappons, nous frappons héroïquement, noblement ; nous risquons notre vie pour supprimer celle du despote qui nous opprime.

« Quand Padlewsky eût appris que l'ex-chef des mouchards, le général Silvestroff, avait créé la troisième section (police secrète russe) en plein Paris, et qu'avec ses fausses dénonciations il avait fait périr des centaines de Russes *innocents* qui, ne se doutant de rien, les malheureux ! retournèrent en Russie, Padlewsky, en plein jour, entra dans sa chambre et lui déchargea son revolver en pleine poitrine.

« Si, dans nos luttes contre le tsar, il y a eu des victimes, c'est parce qu'il ne pouvait jamais être pris seul. Or, ne faut-il pas croire que l'honneur, la vie et la liberté de *cent vingt millions d'hommes,* valent plus que la vie de quelques mouchards ? Incontestablement, n'est-ce pas ?

« Si subir la torture et la mort pour la délivrance de son pays est un acte vraiment grand, que dire de l'acte héroïque d'un homme bon, à l'âme noble, emplie d'une pitié infinie pour les pauvres humains souffrants, qui serait naturellement incapable de tuer même une mouche, et, malgré toute son aversion à verser le sang — qui se décide à tuer un homme dans le but de sauver son pays ?

« L'histoire, du reste, est là qui nous apprend que *le tyrannicide* est admiré par tous les peuples. Quel cœur n'a pas frémi en lisant l'histoire de Brutus, Harmodius ? La Suisse a élevé des monuments au régicide Guillaume Tell. L'Italie, en élevant des monuments à Garibaldi, savait fort bien pourtant qu'il était *carbonaro,* c'est-à-dire régicide.

(1) On sait que, dernièrement, un ukase impérial du nouveau tsar, Nicolas II, a paru, décrétant l'abolition du *knout* dans tout l'Empire. C'est — nous ont dit les journaux — après avoir pris connaissance d'une statistique terrifiante, que l'empereur a pris cette détermination.

Il résulte, en effet, du document en question, que *plus de trois mille personnes ont perdu la vie sous le knout pendant ces dix dernières années.* Et la plupart des victimes n'étaient coupables que de petits vols dans les champs ou de retard dans le paiement des impôts !

« La jeunesse italienne fête l'anniversaire de l'exécution d'Oberdanck.

« Victor Hugo, l'orgueil de la France, dans ses *Châtiments*, ne dit-il pas, en parlant de Napoléon III :

« Tu peux tuer cet homme avec tranquillité. »

« Et, cependant, ce n'était pas un despote asiatique, comme le nôtre, mais un empereur *constitutionnel!*

« Le fameux philosophe et savant J. Stuart Mill dit, dans son œuvre la *Liberté :*

« La question du tyrannicide a été jugée dans tous les siècles par « les grands moralistes et ils sont tous d'accord pour dire *que c'est* « *l'expression de la plus haute vertu exaltée.* »

« Si je voulais citer les noms de tous les grands écrivains et de tous les grands hommes politiques qui ont fait l'apologie du régicide, je serais obligé de remplir des pages entières.

« Et, d'ailleurs, il y a deux ans seulement, toute la France, son Gouvernement en tête, ne fêtait-elle pas 89, la prise de la Bastille, c'est-à-dire la révolte à main armée, qu'en Russie nous autres nous préconisons faute d'autres moyens, pour réussir à extirper la tyrannie?

« Qu'a fait la France, en ce faisant, sinon glorifié des actes qui, en Russie, sont punis par la torture et la mort?

« Si nous avions, Monsieur Bonjean, chez nous, la liberté absolue de la Presse, le suffrage universel, une Constitution, la liberté de conscience, la liberté de réunion et d'association, *tous les attentats cesseraient sur-le-champ*, et les révolutionnaires russes commenceraient à travailler pour leur peuple par les moyens légaux, c'est-à-dire par le vote, par la propagande du journal, par des réunions, etc.

« Jusque-là, jusqu'à ce que le tzar entre enfin dans une voie nouvelle, nous répondrons à la force par la force, au despotisme par la révolte, aux cruautés, aux injustices, aux tortures et aux supplices par la violence.

« Et il faudra bien que nous sortions enfin vainqueurs de cette lutte à mort entreprise entre le despotisme et la liberté. Avons-nous tort ?

« Ne dites-vous pas, vous autres républicains, que, « lorsqu'un « Gouvernement viole les droits du peuple, l'insurrection est le plus « saint et le plus sacré des devoirs ? »

« Lisez le célèbre livre de l'américain Keunan, l'*Exil et la Sibérie*, qui est traduit en entier dans toutes les langues, et qui est répandu dans le monde entier à des millions d'exemplaires, dont un fut envoyé par la reine Victoria à Alexandre III (!!!), et vous verrez que le parti révolutionnaire russe compte dans ses rangs une quantité infinie d'hommes, sur le compte desquels Keunan s'exprime ainsi :

« *J'étais contre les nihilistes, lorsque je partis pour la Sibérie ; à présent, je proclame devant le monde entier, que tous les héros classiques pâlissent devant eux. Leur connaissance m'a renouvelé moralement.*

« *J'allais chez eux avec le cœur froid, et, en leur disant adieu, je pleurais à chaudes larmes en les serrant dans mes bras, et en jurant de servir toute ma vie leur grande et sublime cause.* »

Qu'ajouter à cela, chers lecteurs? Ici finit d'ailleurs mon rôle d'interviewer consciencieux. Mais il me sera bien permis de dire que lorsqu'on a vu de près un grand cœur, une haute intelligence et une belle âme comme celle de mon interviewé, *on est*, comme disait Keunan, *renouvelé moralement*, et l'on est ému profondément comme en face d'une grande chose.

C'est sans doute ton souffle sublime et magique, sainte Liberté!...

En France, la République est trop l'idéal de nos âmes, l'amour de la Liberté et de la Justice trop dans nos cœurs, pour que nous n'admirions pas ces hommes héroïques qui, à l'exemple de nos pères de 92, n'ont qu'un culte, la Liberté, qu'un but, la Justice sociale.

Nous savons trop que, sans des hommes comme ceux-là, notre grande Révolution serait encore à faire, nous serions encore des esclaves, et non les hommes libres que nous sommes.

Comme le disait tout récemment notre éminent confrère Edouard Drumont, dans la *Libre Parole* :

« *On n'a de droits que ceux que l'on sait défendre ou que l'on sait reconquérir par la force lorsque, par malheur, on se les est laissé prendre.* » (1)

(1) Cet article a été reproduit en entier par la *Revue Socialiste* du 15 juin 1892, et en tout ou en partie par plusieurs autres journaux de Paris et d'Amérique.

Les Républicains espagnols.

Le célèbre républicain espagnol, M. Ruiz Zorilla, vient d'écrire un manifeste des plus importants, qui intéresse au plus haut point tous ceux qui pensent qu'un peuple qui cherche à s'affranchir de l'esclavage est intéressant et digne d'estime, et mérite les encouragements des républicains du monde entier.

Il n'est pas un mot, dans ce manifeste, qui ne puisse être approuvé sans réserves, par *tous* les républicains français, même par les moins avancés.

Qu'est-ce que cela prouve? Sinon ceci, c'est que tous les gens de cœur, tous les hommes libres dignes du beau nom de *citoyens*, qu'ils soient français, italiens, russes ou espagnols, sont d'accord quand il s'agit de Liberté, de Justice sociale et des *Droits de l'Homme*.

Parlant de la politique étrangère, M. Ruiz Zorilla dit ceci :

« Toute la politique internationale de la restauration consiste seulement à chercher les moyens de seconder la Triple-Alliance sous l'apparence d'une neutralité qu'elle proclame mais qu'elle ne désire pas, pour endormir les soupçons par trop justifiés du peuple français.

« Ce peuple qui poursuit avec résolution, quoique sans impatience, l'idée de la revanche, comment pourrait-il, par ses représentants, donner de la force à ceux qu'il considère aujourd'hui comme des ennemis hypocrites, et considèrera peut-être demain comme des ennemis déclarés de sa forme de gouvernement, de « cette forme de « gouvernement qui a élevé à de grandes hauteurs le peuple fran- « çais, en frayant en même temps un chemin à l'espérance de tous « les républicains des autres pays, soumis encore au système « monarchique et impatients d'implanter chez eux un ordre de « choses semblable à celui que la France a montré au monde entier « pendant la dernière exposition universelle? »

. . . .

« La France nous a donné de continuelles et grandes preuves de sa fraternelle affection au moment de nos plus grands malheurs; pourquoi donc les oublier, comme le fait la presse conservatrice de l'Espagne, qui néglige toute occasion de la louer et saisit toutes celles qui tendent à diminuer sa force et son importance dans le monde?

« *Si la France a manifesté un enthousiasme voisin du délire et a fait des sacrifices en tous genres pour avoir les sympathies d'abord, et arriver plus tard à une alliance avec la Russie, ce qui paraissait absurde à première vue, étant données les conditions des deux peuples ; que ne ferait-elle pas pour que l'union des peuples latins fût un fait accompli, ce qui serait inévitable une fois la France et l'Espagne unies?* »

Nous nous arrêtons sur ce mot qui résume si bien ce que nous pensons nous-mêmes, et ce que pensent en France tous les sincères républicains.

Oui, l'alliance latine, la fédération des peuples en République est un beau et noble rêve, et Garibaldi, dont Nice va fêter bientôt l'anniversaire, a conquis la gloire et l'immortalité pour s'être fait l'apôtre généreux et infatigable du Droit, de la Liberté et de la Justice.

Nous saluons avec une sympathie respectueuse et bien sincère, le vaillant et digne républicain qui demande pour l'Espagne ce que la France a conquis en 92, et ce que Garibaldi voulait pour l'Italie et pour le Monde, la Liberté.

L'Avenir de l'Europe.

Sous ce titre, notre ami, M. Vigoureux, publiciste, conseiller d'arrondissement et consul de la République Argentine, à Nice, a écrit un livre plein d'intérêt, que nous avons lu avec un vif plaisir.

« Au moment où l'Europe est dans l'enfantement laborieux de nouveaux groupements, dont les conséquences sont incalculables, ne convient-il pas de dire bien haut ce que beaucoup pensent tout bas, de préciser les positions prises par les camps en présence? »

Ainsi débute l'auteur.

Puis il s'efforce de montrer que l'alliance latine ne doit pas être rangée au nombre des utopies, et il adjure les hommes intelligents des cinq peuples latins, de travailler à répandre cette idée dans les foules.

Citons ce passage qui exprime bien ce que nous avons dit, à différentes reprises, ici même, au sujet de l'alliance italo-allemande:

« Que les Italiens se pénètrent bien de ceci : le « finis Galliæ »

serait aussi le « finis Italiæ ». Les Teutons, après avoir réduit la
France à l'impuissance, se répandraient dans les plaines fertiles de
la Lombardie, envahiraient cette Italie qui hante leur cerveau
comme un doux rêve, cette Italie qu'ils ont toujours convoitée à
toutes les époques de l'histoire.

« L'Italie devrait se souvenir des invasions sans cesse répétées
des Allemands... »

Et, après avoir cité les invasions successives des Allemands en
Italie, et rappelé que « la France seule débarrassa l'Italie des
Autrichiens, malgré les Prussiens, qui avaient mobilisé 120.000
hommes sur le Rhin pour arrêter Napoléon III dans son œuvre
d'émancipation de l'Italie, » l'auteur ajoute :

« Non seulement tout ce passé est oublié dans l'éducation
italienne, mais elle est faite de telle sorte que la France a succédé
à l'Allemagne et à l'Autriche dans la réprobation dont elles étaient
l'objet. Les moindres actes de la France sont présentés sous un jour
si faux, si désavantageux, qu'ils fomentent la haine entre la France
et l'Italie, haine véritablement douloureuse quand elle se produit
entre des peuples ayant des idées communes, des sentiments
identiques, ayant souffert pour les mêmes causes, éprouvant les
mêmes besoins et aspirant au même but. »

Après avoir montré les raisons capitales qui rapprochent l'Italie
de la France, M. Vigoureux met à néant les prétendus griefs des
Italiens contre nous, entr'autres ceux qui ont trait à la *question
tunisienne*, griefs créés et exploités par l'Allemagne et par l'Angleterre. Puis il ajoute :

« Que les Italiens sachent bien ceci : la mission de la France
n'est point celle que les rois lui attribuent pour mieux la perdre dans
l'esprit des peuples. Les conquêtes que nous voulons faire sont des
conquêtes pacifiques. Nos triomphes sont ceux qui émanent des
idées progressives mises à exécution. »

Suivent des considérations sur les motifs d'alliance de la France
avec l'Espagne, le Portugal et la Grèce.

« Votre intérêt, le sentiment de la race — dit l'auteur en s'adres-
sant à l'Italie, à l'Espagne et au Portugal — vous poussent vers
une union avec la France, laquelle ne veut dominer aucune nation,
mais marcher à côté de toutes et surtout de ses sœurs latines. »

Et il presse ces nations de s'unir à nous pour résister à l'alliance de l'Allemagne, de l'Autriche et de l'Angleterre, toutes trois enclines à toutes les spoliations,

« ..... afin d'éviter l'asservissement des races latines par un nouvel Empire d'Orient et d'Occident, dont le maître serait à Berlin.

« La Russie, ajoute-t-il, pourrait être l'amie de cette union latine, car elle sait qu'elle trouverait les nations qui la composeraient, toujours prêtes à faire avorter les ambitions anglo-allemandes. »

Au début de la seconde partie de l'ouvrage, l'auteur traite magistralement la question de la Triple-Alliance, et il prouve que cette dernière est faite et imposée par l'Allemagne, pour sa sécurité et son bénéfice à elle, non seulement contre la France et la Russie, mais au besoin contre ses propres alliées, l'Italie et l'Autriche. Et, envisageant l'hypothèse de la France et de la Russie, vaincues par la *quadruple* alliance (quadruple, car l'Angleterre l'aide plus ou moins ouvertement), M. Vigoureux montre que l'Autriche et l'Italie seraient dupées : l'Autriche serait rejetée dans les Balkans et l'Italie ne s'agrandirait pas plus sur l'Adriatique que sur la Méditerranée. Seules, l'Allemagne et l'Angleterre y trouveraient leur compte.

C'est ce que nous avons toujours dit nous-même.

Laissant de côté l'idée, de longtemps irréalisable, d'une confédération des États-Unis d'Europe, l'auteur préconise, à défaut de l'alliance avec l'Italie, embarquée dans la Triple-Alliance, l'alliance de la France avec l'Espagne, le Danemark, la Grèce, le Portugal et la Hollande, jointes à la Russie.

Enfin, au sujet de son rêve d'une fédération des États-Unis d'Europe, l'auteur reproduit un extrait de la lettre qu'écrivait M. **Castelar**, l'éminent républicain espagnol, à l'occasion de l'inauguration de la statue de Garibaldi à Nice. Nous ne pouvons résister au désir de citer :

« Je crois en la Confédération helléno-latine, parce que je l'ai entendue annoncer mille fois à Victor Hugo, à Garibaldi et à Mazzini. Après l'avoir entendue annoncer à ceux-ci, j'ai lu cette profonde pensée dans un sonnet sublime de Schiller, consacré à notre révélateur Christophe Colomb : « Ce que promet le génie, la nature toujours l'accomplit. »

« Jurons tous, tant que nous sommes, de travailler pour la Confédération latine et pour son repos, devant la statue de son plus héroïque défenseur! Et comme l'universel esprit de l'humanité nous donne aujourd'hui la raison, le temps nous donnera demain la victoire. »

C'est le vœu que nous formons, nous aussi, avec M. Vigoureux, avec tous les esprits élevés et généreux qui défendent la cause de la liberté et de la civilisation.

La République en Portugal, en Espagne et en Italie.

Nos lecteurs ne m'en voudront pas de venir leur parler aujourd'hui d'un homme qui — à l'exemple de Victor Hugo, de Garibaldi, de Mazzini, de Cipriani, de Ruiz Zorilla, d'Auguste Vacquerie, du regretté Benoît Malon, et de tant d'autres appartenant à l'élite intellectuelle et morale de l'Europe — est un apôtre ardent de l'*union latine*.

Pour arriver à cette union ou fédération, **M. Magalhaès Lima** propose de commencer par la *Fédération ibérique*, première étape nécessaire et préparatoire, avant d'arriver à la Fédération latine. Et cette idée, il l'expose admirablement dans un ouvrage attachant au possible, aussi bien écrit que bien pensé, et que je viens de lire avec le plus vif intérêt, l'auteur m'ayant fait l'honneur de m'en adresser un exemplaire, ces jours derniers — ce dont je le remercie ici d'autant plus vivement, que les œuvres de cette portée sont assez rares et que cet ouvrage répond absolument à mes propres idées sur la politique internationale.

M. Magalhaès Lima est le chef du parti républicain en Portugal, et le directeur du plus riche journal de Lisbonne, *O Seculo*. — Cet organe républicain, il le fonda en 1881, et sut lui conquérir bientôt la première place parmi la presse portugaise.

Depuis la fondation de *O Seculo*, Magalhaès Lima n'a jamais cessé de travailler au triomphe de ses aspirations républicaines.

Grâce au concours de l'élite intellectuelle du Portugal et de l'étranger, ce journal est aujourd'hui le plus répandu et le plus lu dans le pays. Et son influence est très grande.

Dernièrement, lors de l'*ultimatum* anglais, Magalhaès Lima fut élu membre de la grande Commission de la Souscription nationale.

C'est à cette époque, en 1890, qu'il parcourut l'Europe, afin de faire connaître à la grande famille républicaine la situation du Portugal.

Partout il rencontra de sincères manifestations d'estime et de sympathie.

Le 9 septembre 1890, il fit une brillante conférence à Paris, au salon du café Riche. Presque tous les reporters et correspondants de journaux étrangers y assistaient.

Tous les journaux républicains, le *Temps*, la *Lanterne*, le *Rappel*, la *Justice*, le *Siècle*, etc., firent sur cette réunion des comptes-rendus sympathiques.

Ce voyage de Magalhaès Lima eut aussi un autre avantage. L'éminent écrivain portugais réunit ses notes, ses souvenirs, ses impressions, dans un volume rempli d'aperçus originaux et intéressants, et ayant pour titre : *Pour la Patrie et pour la République.* C'est le récit de son voyage à travers les principales villes d'Europe : à Madrid, à Londres, à Paris, en Ecosse, en Belgique, en Hollande. Lima a noté les interviews qu'il a eues avec les hommes politiques de tous ces différents pays.

Mais c'est surtout à Paris qu'il s'arrête le plus volontiers, et qu'il interroge les hommes, à tour de rôle, les plus en vue du mouvement républicain et socialiste. De ces conversations, Lima fait jaillir toujours l'idée qui le domine : la République en Portugal, et sait s'attirer les sympathies de tous ceux qui l'approchent.

En publiant ce livre, M. Lima a rendu un véritable service à la cause républicaine.

Mais ce n'est point tout.

Les manifestations socialistes qui se déroulent dans les divers pays suggèrent ensuite à M. Lima l'idée de condenser dans un volume : le *Socialisme en Europe,* ces courants et le but vers lequel ils tendent.

Plusieurs journaux et revues françaises ont consacré à cet ouvrage du journaliste portugais des articles remarquables.

Une partie importante de ce volume est consacrée à la question de la *Fédération des peuples,* et, mettant en pratique ses idées, M. Lima fonde, à Lisbonne, un Comité de la *Ligue internationale de la Paix et de la Liberté.*

Tel est l'homme qui vient d'écrire le nouvel ouvrage dont nous parlions au début de cet article, et intitulé : *La Fédération ibérique.* — J'en détache le passage suivant :

« La Triple-Alliance fut faite par les rois et les empereurs, dans leur intérêt personnel. A la solidarité des têtes couronnées il est nécessaire d'opposer la solidarité des peuples. La Fédération latine est aujourd'hui le *desideratum* des démocrates du monde entier; c'est par cette fédération qu'on pourra contrebalancer la puissance de la Triple-Alliance et assurer à l'Europe le bienfait de la paix avec le triomphe de la démocratie.

« Qu'importe au peuple italien que son roi Humbert cherche à s'approcher de l'Allemagne? Le seul but qui guide ce monarque, c'est la conservation de sa couronne. Les alliances sont comme les révolutions, elles ne peuvent ni s'improviser ni se décréter. Du reste, c'est un fait connu, que la puissance d'une idée est plus forte que le pouvoir des baïonnettes et que la volonté des peuples vaut plus que la volonté des rois.

« Pour qu'il ne nous soit plus donné d'assister au triste spectacle du démembrement d'un petit pays, comme autrefois celui de la Pologne; pour que nous ne voyions pas se renouveler ce qui s'est passé en France en 1870 — l'armée de ce pays vaincue devant la lâcheté et l'indifférence de l'Europe entière — il est indispensable et urgent de remplacer l'égoïsme, le privilège et l'inégalité sociale par le droit, la morale et la justice; il est indispensable et urgent de rétablir l'équilibre en opposant aux égoïstes traités des rois et empereurs *la sainte alliance des peuples*. La Fédération latine est le premier pas fait vers cette alliance, et les pays latins, comme la France, l'Italie, l'Espagne et le Portugal, sont des alliés naturels, ayant les mêmes traditions et les mêmes affinités de race.

« L'avenir est dans la fédération des peuples, parce que ce fait représente le droit, la raison, la justice et le progrès. »

On le voit, tous les grands esprits, tant en Espagne qu'en Portugal, en France et en Italie, préparent les voies et travaillent de toute leur énergie à l'union latine en Europe.

Magalhaès Lima est un de ceux-là.

Honneur donc au républicain portugais, qui aspire à doter son pays des bienfaits de ces institutions républicaines que nous devons, nous, plus heureux, aux efforts et au sang de nos pères.

Honneur et courage! les temps sont proches, où les peuples enfin délivrés pourront respirer plus à l'aise, sous l'égide de la République, et songer à améliorer leur sort, au lieu de s'entredévorer, pour le seul profit de quelques despostes (1).

(1) M. Lima, au sujet de cet article, m'a envoyé les plus chaleureux remerciements de tous les républicains de son pays.

Le Roi et le Peuple d'Italie.

Certains journaux se sont fort indignés, dernièrement, de l'envoi d'une escadre française à Gênes; maintenant encore, ils feignent de constater une protestation de l'opinion publique contre ce qu'ils appellent « un scandaleux aplatissement. »

Nous ne sommes pas suspects, au *Phare*, de nourrir à l'endroit de l'Italie gouvernementale et germanophile une tendresse bien excessive, et nous avons assez souvent dit leur fait à nos anciens alliés, devenus *les amis de nos ennemis*, pour qu'il nous soit permis d'exprimer, en cette circonstance, notre opinion franche et sincère à nos compatriotes.

Notre visite à Gênes a été une de ces politesses diplomatiques auxquelles on ne saurait se dérober, puisque nous ne faisions que rendre, en somme, la visite reçue deux ans auparavant à Toulon.

Ce n'est pas à Humberto, l'allié de Guillaume II, que nous allions rendre visite; c'est au représentant du grand, généreux et noble Peuple italien; du peuple qui a produit Garibaldi et qui, aujourd'hui encore, possède des hommes tels que Bovio, Imbriani, Cavallotti, ces patriotes partisans d'une alliance avec la France républicaine.

Fallait-il donc décourager ceux qui nous estiment et nous aiment, pour la plus grande joie de ceux qui nous haïssent ?

Non, avons-nous pensé; la France républicaine se doit à elle-même, doit à l'Italie démocratique et libérale de ne pas agir ainsi, contrairement à ces habitudes chevaleresques qui ont fait son honneur et sa gloire à toutes les époques, à travers l'histoire.

Or, l'événement a prouvé que nous pensions juste et que nous disions vrai en affirmant que nous ne devions pas nous préoccuper des rois, qui mènent les nations dans l'ombre, contre leurs propres aspirations et contre leurs propres désirs.

C'est plus haut qu'il fallait regarder, et que nous avons vu: les peuples frères, libres et maîtres de leurs destinées. Car c'est là qu'est l'inéluctable avenir, fait de progrès et de lumière, le seul but, par conséquent, que doive viser une grande nation comme la nôtre, qui a fait l'immortelle Révolution, et qui vit sous l'égide de la République.

Aussi le peuple italien a-t-il généreusement répondu, par ses marques de cordiale sympathie, à notre courtoise visite.........

L'Union franco-italienne.

Donc, MM. Bonghi et Menotti Garibaldi viennent de prendre la noble et généreuse initiative d'un « Comité permanent franco-italien de propagande conciliatrice. »

Nos lecteurs ne nous feront certainement pas l'injure de douter, un seul instant, de notre adhésion empressée, enthousiaste à un tel projet.

Le Phare du Littoral s'honore d'applaudir des deux mains à l'initiative pleine de cœur des deux démocrates italiens.

Nous avons toujours pensé, en effet, qu'en dépit de la direction momentanée qu'imprimait à la politique extérieure de l'Italie un Gouvernement germanophile, il n'était pas digne de nous de décourager les hommes de cœur qui, en Italie, malgré tout, nous estiment et nous aiment.

La France républicaine se doit à elle-même, disions-nous, doit à la démocratie italienne, de ne pas envenimer une querelle qui dure depuis trop longtemps déjà, et qu'un peu de bonne volonté réciproque, aidée du temps, doit faire cesser pour le plus grand bien de la paix, du progrès et de la prospérité de l'Europe.

Et la preuve que nous avions raison, la preuve qu'aujourd'hui il faut compter, dans les monarchies elles-mêmes, avec le sentiment populaire, c'est que l'Italie démocratique, par l'organe de ses représentants et d'une partie de sa Presse, commence à réclamer énergiquement la fin de la Triple-Alliance, qui la ruine, et la réconciliation avec la France.

Il ne nous reste plus qu'à souhaiter qu'il se trouve, à un moment donné, chez nos voisins, un ministère qui ait le courage de renoncer au renouvellement de la *Triplice*. Car alors, *mais alors seulement*, nous pourrons espérer voir renouer entre les deux nations sœurs des relations affectueuses qui sont au fond de tous les cœurs.

Nous avons dit : ALORS SEULEMENT, et chacun comprendra pourquoi.

En effet, il n'y a pas à dire : dans la situation internationale actuelle, *on est avec nous ou contre nous;* on est avec l'Allemagne ou avec la France, et l'on ne fera croire à personne qu'il est possible, tout en s'alliant à l'Allemagne, qui détient deux provinces françaises, de rester les amis *sincères* de la France qui se souvient toujours et qui attend l'heure inéluctable de la Justice et du Droit.

Si encore l'intérêt de la jeune nation, dont l'unité est un peu notre œuvre, était de s'allier à nos ennemis! ce serait peu noble, tout de même; mais, en somme, ce serait humain; et nous comprendrions du moins, si nous ne l'approuvions pas, cette orientation de la politique italienne.

Mais — nous l'avons déjà dit et nous le répéterons à satiété — nous cherchons en vain quel intérêt peut bien avoir l'Italie à suivre une politique anti-française et à diriger ses armements contre nous. Rien, ni dans le présent ni dans le passé, ne saurait justifier une telle attitude.

Comment l'Italie ne comprend-elle pas, du reste, que si la France venait à disparaître comme grande puissance maritime, ce n'est pas elle qui hériterait de notre dépouille dans la Méditerranée, mais l'Angleterre?

Oublie-t-elle également que, si les armées françaises sont souvent descendues en Italie, c'est toujours, si loin qu'on remonte dans l'histoire, pour y combattre les Allemands?

Si la France venait à être effacée du nombre des grandes puissances, qui donc défendrait l'Italie le jour où un million de Teutons viendraient faire irruption dans les plaines lombardes?

L'Italie n'a aucun intérêt à l'affaiblissement de la France.

Elle a tout intérêt, au contraire, à ce qu'elle reste essentiellement forte, parce que cette force est la condition *sine quâ non* de l'équilibre européen et, plus encore peut-être, de l'indépendance italienne.

Ah! qu'il est donc loin de moi, ce temps de mon enfance, où, pendant les sombres jours de la guerre de 1870, aux tristes heures de la défaite, j'entendais, de chez mon père, les cris et les chansons des soldats garibaldiens, qui traversaient Chambéry, la Savoie, pour porter le secours de leurs bras vaillants et généreux à la grande Nation meurtrie!

J'étais bien jeune alors, j'avais sept ou huit ans; mais jamais je n'oublierai ces cris et ces refrains poussés sans cesse, alors, en l'honneur de cette France tant aimée, pour laquelle beaucoup de ces braves allaient mourir!

Viva la Francia! Viva l'Italia! Viva Garibaldi!

Voilà ce qu'on entendait alors chanter, à tous les coins de rue,

dans Chambéry que traversaient des bandes nombreuses de garibaldiens.

« *Viva la Francia!* » Voilà ce que, depuis cette époque déjà
lointaine, nous n'avons, hélas! guère plus entendu chanter!

Est-il besoin de le dire, le jour où retentiront de nouveau ces
chants et ces cris d'allégresse, d'union et de solidarité, nous serons,
certes, des premiers à pousser, nous aussi, le cri enthousiaste de
« Viva l'Italia! »

En attendant, nous sommes de cœur avec les démocrates
italiens, qui veulent s'efforcer de rendre plus proche cette union tant
désirée entre la France et l'Italie.

L'Union franco-russe.

Je n'hésite pas à le dire, parce que telle est ma conviction :
quelques-uns de nos socialistes ne feraient peut-être pas mal d'aller
faire un tour en Russie, pour y prendre des leçons de bon sens et de
patriotisme.

C'est fort triste à dire, mais c'est ainsi : un despote s'est montré
imbu d'idées plus larges que ces farouches, ou plutôt, prétendus
farouches républicains, pour lesquels, si pour Henri IV Paris valait
bien une messe, la France ne vaut pas un principe, même quand son
existence est en jeu.

On sait qu'il y a un an ou deux, le Tsar Alexandre III s'était
refusé énergiquement à conférer dans l'armée russe un grade au
jeune duc d'Orléans. Bien plus, quand Gamelle se présenta à Saint-
Pétersbourg, dans le but de voir l'empereur de Russie, ce dernier lui
fit notifier, par le surintendant du Palais, d'avoir à quitter, au plus
tôt, la capitale de l'Empire.

Cette façon d'agir, vis-à-vis de la République française, dont il
recherchait l'alliance, fut des plus correctes et des plus loyales, on
en conviendra.

Ainsi donc, voilà un autocrate, un souverain absolu, un despote,
qui aurait tout à craindre de l'infiltration des idées républicaines
dans son pays, pour l'existence de sa couronne, qui devait avoir
mille répugnances, cela se conçoit, à s'allier avec un Gouvernement
comme le nôtre, basé sur le Suffrage universel, et qui ne s'y décide
pas moins *dans l'intérêt de son peuple* (puisque l'intérêt de sa

couronne l'aurait poussé tout au contraire à un rapprochement avec l'Autriche et l'Allemagne monarchiques).

Et l'on voit ce monarque absolu écouter, tête nue et debout, notre hymne de la *Marseillaise*, à Cronstadt, pour donner à notre pays une preuve irréfutable de son désir de bonne amitié et d'entente, même quand nous sommes en République.

« C'est la France en tant que nation, semble-t-il dire ainsi, que j'acclame, sans m'inquiéter aucunement de savoir quelles sont ses idées en gouvernement et en politique. Car nous avons mêmes ennemis, mêmes dangers à redouter et, réunies, France et Russie peuvent défier tout le monde. Or, donc, tendons-nous la main, et unissons tous nos efforts contre nos ennemis coalisés.

« Et puisque la meilleure marque d'amitié et d'estime qu'on puisse donner à quelqu'un, c'est de respecter ses idées, ses convictions et ses principes, je reconnais solennellement votre République dès ce jour. Et, pour vous le prouver, sans doute possible, désormais, je consigne ma porte aux descendants de vos anciens rois, que vous avez jetés par la fenêtre.

« Tant pis : la Patrie avant tout! Les principes après, s'il en reste. Et, se rapproche le Progrès, pourvu que vive mon Peuple! Puisque son existence est à ce prix, eh! bien, vive votre République! »

Franchement, pouvait-on demander davantage au despote russe? Et sous le prétexte spécieux et funambulesque qu'il se refuse à vouloir la République chez lui, devions-nous donc, nous autres Français, repousser ses propositions d'alliance?

Qu'importe! après tout, s'il accepte la République chez les autres?

Mais non, il s'est trouvé chez nous de farouches et enragés sectaires qui se sont signés dévotement et ont crié au scandale, à propos de l'alliance franco-russe.

Ces esprits étroits, aveuglés par un entêtement imbécile, ne veulent pas comprendre qu'en ce cas, ce sont eux qui manquent de bon sens et de patriotisme.

Eh! quoi, parce que le peuple russe, notre frère, est gouverné par un monarque jouissant d'un pouvoir absolu et sans contrôle, s'ensuit-il donc que nous devions lui tourner le dos et refuser à son gouvernement notre alliance?

Mais, idiots que vous êtes, ne voyez-vous pas que cette manière d'agir, de notre part, irait, au contraire, à l'encontre du but de

Progrès et d'Humanité qui est le nôtre, qui a toujours été, et qui sera toujours celui de la France dans le monde?

Et la Russie, alliée à la France républicaine, ne sera-t-elle pas, dites-moi, plus près de l'avenir rêvé par ses démocrates, que si elle était encore unie à l'Allemagne monarchique?

Je vous le dis encore une fois, croyez-moi, vous faites fausse route, et Pétersbourg se serait montré plus avisé et plus intelligent que Paris, si — ce qu'à Dieu ne plaise! — vous étiez Paris!

Heureusement, vous n'êtes pas Paris, Paris, cette grande calomniée, qui sent battre le cœur de la France! Et il n'y a certainement pas un seul d'entre les républicains français, qui ne désapprouve votre conduite, à la veille des fêtes de Toulon.

Certes, celui qui écrit ces lignes ne peut être suspecté de tendresse pour les abus de ce régime autocratique et arbitraire qui tient sous sa loi la Russie! (1)

Mais avant de philosopher, il faut vivre, n'est-il pas vrai? — Et nous préférons, nous Français, vivre, grâce à l'alliance d'un Empire, qu'être anéantis, avec la seule consolation de pouvoir crier, en mourant : Vive la République! — *la République chez les autres.*

Qui donc oserait nous en blâmer? — Gambetta l'a dit en fondant cette République qui nous est chère: « La République, désormais, n'est plus un article d'exportation. » Et il avait raison, le grand Tribun. Car il est passé, bien passé, le temps où, à travers l'Europe, nous allions, chevaliers errants, porter aux peuples la Liberté.

Nous sortons d'en prendre, comme on dit, et, chez nous, personne ne désire partir en guerre, pour propager, par les armes du moins, la République.

Alors, quoi? Fallait-il donc être *plus royaliste que le roi?*

Du moment que le Tsar lui-même, ayant compris le véritable intérêt de son peuple, surmontait des préjugés d'éducation et de naissance, et, au risque de rehausser le prestige de la République dans son empire, tendait la main à notre pays, nous ne pouvions, nous autres Français, montrer plus de préjugés que lui, et repousser cette main large ouverte. Au contraire, cette main, nous la serrons avec joie comme celle du vaillant peuple russe.

Car si les hommes passent, les peuples restent.

(1) Voir mon interview d'un révolutionnaire russe, page .8.

La France immortelle.

C'est le 13 août que doit avoir lieu l'inauguration de la statue de Jeanne d'Arc à Chinon.

L'approche de cette fête patriotique nous fait battre doucement le cœur, en évoquant devant nos yeux mouillés de larmes attendries la longue série de nos gloires, au milieu desquelles resplendit, entourée d'une céleste auréole, la noble vierge de Domrémy, la fière et héroïque Jeanne d'Arc.

Nos détracteurs ont beau dire, nos ennemis ont beau faire, il n'en est pas moins vrai que la France est le premier pays du monde. Son peuple est un peuple d'hommes libres, artiste quand il le veut, soldat quand il le doit, épris toujours — passionnément — de cette grande chose : la Patrie !

Pour lui, la Patrie représente autre chose que des souvenirs ou des intérêts à chacun de nous personnels; elle représente un long passé de gloire, non pas seulement militaire, mais littéraire aussi et artistique. La Patrie, pour nous, c'est Jeanne d'Arc, c'est Molière, c'est La Fontaine, c'est Voltaire, c'est Lamartine, c'est Hugo. C'est toute une longue série de peintres, de sculpteurs, de poètes, de philosophes, d'orateurs, qui ont ouvert à la pensée humaine des horizons nouveaux. C'est, enfin, la grande légende des souffrances de la glèbe; ce sont les acclamations éclatant partout à l'aurore de la liberté; c'est cet espoir de fraternité animant tout un peuple; c'est le souvenir des larmes pleurées ensemble aux jours de malheur, quand l'étranger vainqueur — par surprise — foulait le sol envahi de la France souillée, mais noble encore et fière et respectée jusque dans son deuil.

Un tel peuple n'a pas le droit de laisser prendre sa place de premier peuple du monde. La France l'a compris. Quelques années de paix et de travail ont suffi pour la refaire grande, riche et puissante. Cette cure merveilleuse est due à l'emploi de deux remèdes bien simples : le travail et la confiance en ses destinées. Ce ne sont, en effet, ni les découragés, ni les sceptiques, ni les désespérés, qui sauvent une nation en péril : ce sont ceux qui croient, qui espèrent, qui agissent. Laissons le doute, les tristesses, les dégoûts et les haines aux malades de corps ou d'esprit.

Croyons au contraire — *et quand même!* — à la Justice, au Droit, au Progrès, à l'Humanité, et ne voyons pas en ces mots de vaines formules, mais des réalités immortelles, qui ont triomphé de toutes les trahisons, de toutes les injustices, de toutes les erreurs. Ayons confiance, comme disait Gambetta, dans la *justice immanente des choses.*

Avec cette confiance dans nos destinées, saluons, selon le mot heureux d'un député français, M. Maujan, saluons, dis-je, « cet azur de France qui porte dans ses plis, avec l'âme héroïque des ancêtres, les résolutions viriles de notre jeune République ! »

L'Alsace-Lorraine et la Paix.

Sous ce titre, nous venons de lire une brochure du plus haut intérêt, dont nous ne croyons pas inutile de dire ici quelques mots. L'auteur, M. **Jean Heimweh**, traite dans le premier chapitre de l'urgence et de la difficulté qu'il y a à résoudre la question d'Alsace-Lorraine.

« Jusqu'ici — dit-il — on s'est tu à cet égard; mais de quoi a servi ce long silence volontairement gardé sur la question d'Alsace-Lorraine par l'Allemagne et la France? par l'Allemagne, parce que pour elle cette question était vidée; par la France, parce qu'on s'y était donné pour règle d'y penser toujours et de n'en parler jamais ! Ce silence a-t-il procuré quelque avantage? A-t-il aidé à résoudre la difficulté? Tout au contraire. Et toujours la protestation contre la conquête est restée vivante aux pays annexés, on l'a bien vu aux élections parlementaires d'Allemagne. Dès lors, ne vaut-il pas mieux essayer de résoudre le problème, dont le défaut de solution pèse si lourdement sur toute l'Europe?

« Mais, disent les Allemands, le traité de Francfort, souscrit par la France, cède à perpétuité l'Alsace-Lorraine à l'Allemagne.

« A cela, répond l'auteur, je dirai qu'il faut prendre les traités pour ce qu'ils valent : l'histoire est jonchée de leurs débris. Pourquoi le traité de Francfort vaudrait-il plus que les traités de Nimègue, d'Utrecht et de Vienne? Et, d'ailleurs, quelle valeur peut avoir une convention imposée de force, le couteau sur la gorge?

« Le fait d'une revision de ce traité ne serait pas, du reste, sans précédents. Le traité de Paris, imposé à la Russie après la guerre de Crimée, fut réformé à Londres 14 ans plus tard. Plus récemment, le traité de Berlin modifia celui de San Stefano que la Russie victo- rieuse avait contraint la Turquie de signer.

« Ce dernier exemple, ajoute l'auteur, le plus rapproché en date, est significatif. Il montre la procédure à suivre et la juridiction à invoquer. *Cette juridiction est celle des États européens constitués en cour suprême*. Toute querelle, toute guerre particulière, qui éclate entre deux ou plusieurs de ces États, atteint plus ou moins grièvement tous les autres. Il y a donc un intérêt général à arrêter ces querelles et à prévenir ces guerres, et le seul moyen d'y parvenir est de supprimer, par une action commune, les motifs de conflit.

« L'idée d'une fédération d'États est inséparable de celle d'une paix stable entre ces États. Et, dans le chapitre II, l'auteur examine cette question d'une fédération européenne. Le principe de l'arbi- trage est ici d'autant plus acceptable pour l'Allemagne, dit-il, que celle-ci, depuis les révélations de Bismarck au sujet de la fameuse dépêche d'Ems, ne tient plus le beau rôle que lui avait donné d'abord, dans l'opinion européenne, son apparente répugnance à faire la guerre en 1870.

« Et, dans un chapitre spécial placé à la fin de l'ouvrage, M. Jean Heimweh traite avec force détails — des plus intéressants — l'his- toire de la *Dépêche d'Ems*. Il rappelle à ce sujet le mot de Liebknecht, dans son discours au Reichtag du 2 décembre 1892 : « La fondation de l'empire allemand repose sur un faux, » et l'article paru dans la *Germania*, à la date du 15 novembre 1892, intitulé : « Pauvre Alle- magne ! »

« Les bons Allemands, écrivait le journal en question à cette date, sont allés se battre animés de la conviction qu'il s'agissait d'une guerre sainte de défense patriotique contre une attaque frivole et injustifiée des Français, et qu'ils défendaient l'honneur du roi Guil- laume grossièrement insulté par la France. Et tous ces bons Alle_ mands n'étaient que des marionnettes dans la main de l'homme de fer et de sang, dont la politique n'admettait aucun frein moral, dont les calculs pouvaient parfaitement être démentis par les événements et dont la manière d'agir était absolument contraire aux principes qu'il a plus tard posés lui-même relativement aux guerres d'attaque en général. »

« N'est-il pas juste, ajoute-t-il, aujourd'hui que la supercherie est démasquée, d'effacer, dans la mesure du possible, le mal qu'elle a produit? L'opinion publique se montre aujourd'hui presque unanime sur les trois points suivants : nécessité d'en finir avec l'écrasant régime de la paix armée; attribution de ce régime à la guerre de 1870; imputation de cette guerre à l'altération de la dépêche d'Ems.

« Ce que l'Allemagne a gagné en plus de son unification, elle le doit à la mauvaise foi. La capture de l'Alsace-Lorraine est l'effet d'un stratagème, le fruit d'une supercherie. La fausse dépêche d'Ems, en faisant jouer à la France le rôle de perturbateur de la paix, l'a mise, abandonnée de tous, à la merci du vainqueur, et celui-ci, faisant le bon apôtre, imposant au public par ses contenances pacifiques et vertueuses, a pu tranquillement s'adjuger deux provinces au nom de la morale.

« Leur annexion revêt donc, dès lors, un caractère frauduleux. A ce titre, les nations qui avaient formé la *Ligue des neutres*, sont, avec les Alsaciens-Lorrains et les Français, fondées à en appeler de la première sentence. Et ceux des Allemands auxquels, suivant la *Germania*, le rouge de la honte monte au front lorsqu'ils pensent aux origines de l'Empire, doivent aussi, s'ils sont sincères, désirer la réforme de cette sentence. La dépêche d'Ems vicie le traité de Francfort et en motive la revision, en dehors même de la volonté des Alsaciens-Lorrains et du droit qu'ont les peuples de disposer d'eux-mêmes librement. »

Mais revenons un peu en arrière. Dans le chapitre III, intitulé : *Militarisme et Socialisme*, l'auteur de la brochure que nous analysons nous montre la masse du peuple allemand aspirant à se décharger du lourd fardeau du militarisme, et suivant de plus en plus, avec enthousiasme, les socialistes qui ont depuis longtemps entrepris de l'en délivrer. Leur parti, fort de 102,000 électeurs en 1871, en compte plus de 1,800,000 actuellement. Il a donc gagné plus de 1,700,000 adhérents en 23 ans, soit, en moyenne, plus de 77,000 par an! La guerre au militarisme s'est trouvée, pour les socialistes, on le voit, un très efficace moyen d'action et un merveilleux instrument de propagande, en ce qu'il a eu pour effet de rejeter à l'arrière-plan les questions de doctrine et de réunir toutes les volontés contre un commun et formidable ennemi.

« Une haute moralité se dégage de ces faits. La conquête de l'Alsace-Lorraine est un fruit de militarisme, et ce fruit, un fruit de mort, fait périr l'arbre qui l'a porté. Dans le chapitre IV, il est question de la *fidélité de l'Alsace-Lorraine envers la France*. L'auteur nous montre les rigueurs impitoyables du régime prussien faisant sans cesse regretter là-bas la Noble Patrie perdue et détester l'Allemagne. Le mouvement de protestation s'est principalement exprimé par l'*émigration et les élections* politiques. C'est ce qui fait l'objet du chapitre V. Enfin, dans le chapitre VI, l'auteur nous entretient des *erreurs et préjugés germaniques touchant l'Alsace-Lorraine*. La première de ces erreurs a été, pour nos voisins d'Outre-Rhin, de regarder les Alsaciens-Lorrains comme des frères séparés. Ils se persuadaient que, violentés jadis par Louis XIV, ils ne demandaient qu'à retourner à l'Allemagne. Mais, l'annexion faite, il fallut bien reconnaître que, loin d'être attirés vers l'Allemagne, les Alsaciens-Lorrains aspiraient de toutes leurs forces à revenir à la France.

« Au lieu d'avouer leur erreur, ils firent retomber leur colère sur les malheureux annexés, leur faisant porter la peine de la déception qu'ils ressentaient. De là, le petit état de siège, les mesures de rigueur, le régime des passeports, la germanisation à outrance. A cette erreur s'est ajouté le préjugé de la défense militaire. Le parti du sabre a déclaré que l'Allemagne doit garder l'Alsace-Lorraine parce que la possession de cette province est nécessaire à la sécurité de l'Empire. A cela, l'auteur répond par la proposition d'une neutralisation militaire de l'Alsace-Lorraine, une fois rendue à la France, — comme il a été fait pour une partie de la Savoie (le Chablais et le Faucigny.)

Citons, pour terminer, quelques mots de la *conclusion*, qui fait l'objet du chapitre VII :

« Question d'Alsace-Lorraine, militarisme, paix armée, Triple-Alliance, toutes ces choses doivent disparaître de plein gré, si l'on ne veut pas qu'elles soient balayées par d'irrésistibles tourmentes qui, du même coup, en emporteraient bien d'autres..... La lutte est engagée entre deux principes, celui de la Force et celui du Droit, qui ont pris position sur la question d'Alsace-Lorraine.

« Cette lutte deviendra-t-elle meurtrière? Fera-t-elle couler des flots de sang et couvrira-t-elle l'Europe de ruines? Nul ne le sait. On peut espérer cependant que de tels malheurs seront évités, parce que les progrès de la conscience publique n'ont pas seulement conduit à mieux respecter les droits d'autrui, mais encore à dépouiller la guérre de son ancien lustre et à faire rechercher les moyens de la prévenir.

« L'arbitrage international a obtenu depuis peu de signalés succès...

« En tout cas, les champions du Droit se doivent à eux-mêmes d'être aussi les promoteurs des moyens d'action légaux et pacifiques. Ils sont tenus de préconiser l'arbitrage et de travailler de toutes leurs forces à en faire adopter le principe par le public et par les différents Etats. »

C'est bien notre avis, et M. Heimweh, en écrivant cette brochure, a fait œuvre de patriote et de républicain.

France et Savoie.

Les lecteurs du *Phare du Littoral* pardonneront à un Savoisien, de venir leur parler aujourd'hui de cette noble et vieille terre de Savoie, qui est bel et bien **une terre française**, n'en déplaise à l' « Italien très sensé, d'esprit libéral et ouvert aux plus larges idées, qui a été mêlé pendant longtemps à la politique active », dont les élucubrations ultra-fantaisistes ont paru dans le *Petit Marseillais*, et que l'on a pu lire dans nos colonnes, car elles méritaient vraiment les honneurs de la reproduction.

Comment un Italien *très sensé* (!!!) peut-il avancer, sans rire, que la Savoie est à l'Italie et doit lui revenir un jour? Italienne, la Savoie? Qu'ils y viennent! ils verront comme on les recevra. — Non, non, la Savoie est française.

On l'a bien vu, à l'heure où il s'agissait de se montrer français, non pas seulement en paroles, mais en actions, lors des tristes jours de 1870.

Comme l'a fort éloquemment dit un de mes distingués compatriotes, M. Descotes, avocat à Chambéry :

On a vu des Savoisiens venir, des premiers, se ranger spontanément sous le drapeau, toujours glorieux, de la France éprouvée.

Il y avait des Savoisiens dans les cuirassiers de Reischoffen; il y en avait dans les zouaves de Palay; il y en avait parmi ces beaux régiments si cruellement maltraités dans nos grandes batailles.

Les mobiles savoyards furent des héros à Beaume-la-Rollande et à Béthoncourt; ils laissèrent, ainsi que les francs-tireurs de leurs pays, à Langres et autour de Dijon, les souvenirs les plus honorables.

Et, si l'union de la Savoie à la France avait eu besoin d'une consécration, elle l'aurait reçue dans le sang versé par les enfants de la Savoie, pour la défense de la mère-patrie.

Durant des siècles, la Savoie a fourni aux chefs de la famille princière qui est sortie de son sein et à laquelle elle a donné son nom, des conseillers habiles, d'excellents diplomates, des magistrats fermes et intègres, d'illustres capitaines, des soldats valeureux, et c'est appuyés sur les ressorts variés de cette race vigoureuse qu'ils ont gravi les degrés de l'accroissement de leur pouvoir.

Quand, changeant de centre de gravité, la maison de Savoie est descendue des Alpes, sur lesquelles elle était à cheval, pour se laisser glisser vers la péninsule italienne, la Savoie s'est recueillie, et, sans arrière-pensée comme sans hésitation, dégagée de son serment de fidélité, elle s'est jetée dans les bras de cette grande nation à laquelle elle appartenait vraiment par ses mœurs et par son langage.

Où que l'on aille, en Savoie — dans une ferme perchée au sommet des monts — on n'entend qu'une seule langue, la seule comprise, la seule parlée en Savoie, celle dans laquelle prêche le plus humble vicaire, celle dans laquelle chante le plus rustique berger: la langue française!

Certes, y a-t-il même beaucoup de provinces qui puissent se dire aussi françaises que la Savoie? Ils étaient savoyards, ce remarquable écrivain du XVIIe siècle, qui avait nom François de Sales; ce juriste consommé et ce grammairien rénovateur de la langue française, qui s'appelaient le président Favre, et son fils, Vaugelas (le premier grammairien français); Saint-Réal, l'auteur de l'Histoire de la conjuration de Venise; Michaud, l'historien des Croisades; Berthollet, le grand chimiste; Fodéré, le créateur de la médecine légale; Joseph et Xavier de Maistre. Savoyards aussi étaient Ducis, le poète; le maréchal Maison, le héros de Leipsick; Monge, le fondateur de l'École polytechnique; le président Bonjean; Sommeiller, l'ingénieur, l'inventeur de la machine perforatrice grâce à laquelle fut exécuté le tunnel du Mont-Cenis; et tant d'autres encore dont le nom m'échappe, et qu'il serait trop long d'ailleurs d'énumérer.

Franchement, qui osera dire, après cela, que la Savoie n'est pas une terre française? Si la Patrie n'est pas seulement le sol qui nous a vus naître, si elle représente un long passé de gloire, non pas seulement militaire, mais littéraire aussi et artistique; la Savoie n'est-elle point une partie de ce tout qui est la grande Patrie française? Je crois l'avoir prouvé à tous les gens de bonne foi. Quant aux envieux de notre pays, qu'ils soient de Rome ou d'ailleurs, qui cherchent à travestir les faits et la vérité historique, nous leur opposons tout simplement notre inaltérable et profond dédain.

Amilcare Cipriani en France.

Je ne crains certes pas d'exagérer, en disant qu'à l'annonce de l'expulsion d'Amilcare Cipriani, le célèbre socialiste révolutionnaire italien, bien des cœurs français s'étaient sentis étreints douloureusement. Et nous tenons à honneur de déclarer que nous étions du nombre.

Aussi convient-il de féliciter chaleureusement le ministre de l'intérieur d'avoir compris, après réflexion, qu'un pareil acte ne pouvait être accompli, décemment, par des ministres de la République française.

C'eût été là, en effet, une expulsion d'autant plus injuste, que rien, absolument rien, de la part de Cipriani, n'était venu lui donner un semblant même de raison.

Un de nos confrères parisiens qui rend compte de l'entrevue de Cipriani avec le secrétaire du préfet de police, à Paris, nous fait savoir que le seul grief de ce dernier était que Cipriani avait été vu, pendant les émeutes du quartier Latin, *sur le théâtre des événements*, d'où l'on inférait sans doute qu'il y avait pris une part active.

A cela, Cipriani s'est contenté de répondre fort justement :

« Eh! quoi, devient-il un délit, en France, de s'attabler dans un café, pour y prendre une consommation? Si j'étais au café de la Source, d'ailleurs, ou au café d'Harcourt, c'était uniquement pour y accomplir mon service de correspondant de journaux italiens. »

Il faut croire que ces explications très plausibles ont convaincu le préfet de police, puisque le ministère s'est décidé à rapporter l'arrêté d'expulsion pris contre lui : ce dont nous le félicitons, avec tous les républicains français.

Les lecteurs du *Phare* se rappellent, sans doute, l'interview que j'ai publiée ici même de Cipriani, le 18 mars dernier, lors de son arrivée en France et de son séjour à Cannes, chez son ami M. Benoît Malon.

L'amour de la France républicaine s'y réflétait à chaque ligne, à la veille de ces fameuses fêtes de Rome où, disait-il, malgré les fumées des feux d'artifice, et les protestations officielles en l'honneur de Guillaume II, « le cœur du peuple italien ne sera pour rien. »

Qui ne connaît, du reste, l'odyssée héroïque de l'indomptable démocrate italien, la bête noire de la maison royale d'Italie?

Agé de 15 ans à peine, il combattait sous Garibaldi dans les rangs des Mille. Un peu plus tard, il était près de son général, quand celui-ci fut blessé à Aspremonte, par une balle italienne et pour le compte de l'ingrate maison de Savoie.

Peu après, nous voyons le jeune volontaire de la liberté des peuples combattre pour l'indépendance de la Grèce aux côtés de Flourens.

En 1870, il défendait la France envahie, et l'héroïque colonel qui, après la mort de Rochebrune, prit le commandement des bataillons parisiens brillamment engagés à Montretout, n'était autre que Cipriani, *qui refusa la décoration à lui offerte pour ce mémorable fait d'armes.*

Après plusieurs années de bagne subies injustement en Italie, il fut enfin libéré par la royauté, apeurée des manifestations aussi enthousiastes que persévérantes faites en sa faveur, et sur son nom, par les électeurs des Romagnes, dont il fut jusqu'à *neuf fois* l'élu.

De là Cipriani revint en France, calme, souriant de cette tranquillité de grand lion qu'il partageait avec Garibaldi.

C'est alors qu'avec Anatole de la Forge, Benoît Malon et quelques autres partisans de la réconciliation de la France et de l'Italie, il fonda l'*Union des Peuples Latins* et s'adonna à la propagande franco-italienne, dans le but de combler le fossé creusé entre les deux nations sœurs par une monarchie à la remorque et aux ordres de l'Allemagne.

On avouera que le moment eût été par trop mal choisi pour livrer cet ami de la France aux geôles de l'Italie, pour abandonner lâchement ce grand cœur de démocrate et de républicain aux fureurs de la monarchie italienne.

Non, cette chose ne se fera pas.

L'Italie monarchique peut envoyer, si cela lui plaît, le prince de Naples parader en Alsace, aux côtés de notre ennemi Guillaume.

La France républicaine ne livrera pas, n'expulsera pas Cipriani, le martyr de la cause démocratique et libertaire en Italie, cet ami désintéressé de la France.

Benoît Malon.

Benoît Malon, le célèbre écrivain socialiste, vient de mourir. Cette mort, depuis longtemps prévue, éprouvera douloureusement les très nombreux amis et admirateurs fidèles de ce modeste autant que savant écrivain, dont la vie toute de travail a été consacrée au Progrès social et à l'avenir de l'Humanité.

Malon était de ces hommes dont on peut quelquefois ne pas partager toutes les opinions, mais auxquels on ne peut refuser son estime, parce qu'ils sont sincères et fidèles à leurs convictions.

La première fois que je vis le sympathique directeur de la *Revue socialiste*, qui, peu de mois auparavant, m'avait fait l'honneur de m'adresser un exemplaire de son dernier livre : *Précis historique, théorique et pratique du socialisme*, avec une flatteuse dédicace, Benoît Malon était assis dans un fauteuil, la tête et les oreilles entourées d'un bandeau, une canule posée dans la gorge, le visage pâle, mais rempli d'un courage et d'une résignation stoïques. A mes questions empreintes d'une respectueuse et vive sympathie, sur son état de santé, Malon me répondit, au moyen d'un crayon sur une ardoise :

« Si j'en réchappe, j'aurai payé cher les trois mois de convalescence dont j'ai besoin pour achever le principal de mon œuvre ! Heureusement que j'ai appris la philosophie *et que j'estime que la vie n'est désirable qu'autant qu'elle peut être utile au bien de tous.* »

Belles et sublimes paroles, on en conviendra, dans la bouche d'un homme qui venait de voir la mort de si près ! Tout l'homme est contenu dans ces quelques mots-là. Et, ce qui le prouve, ce sont ces paroles généreuses, qu'avant d'être atteint et terrassé par la terrible maladie qui devait l'emporter, Benoît Malon écrivait, dans l'ouvrage dont nous parlions tout à l'heure :

Atomes conscients de ce monde social en formation, quel plus noble usage pourrions-nous faire de la vie que de la consacrer à l'extinction du mal moral et social, à l'extirpation de l'injustice et la suppression de toutes les souffrances évitables?

En ce temps de sombres conflits, de douloureuses fins et de laborieuses genèses, participer au bon combat des enthousiasmes humanitaires contre les vieilles rapacités, contre les persistantes cruautés, est encore, pour tous ceux qui ont de la justice dans la conscience et de la pitié dans le cœur, la seule vie qui soit digne d'être vécue.

Et, plus loin, cette objurgation à la bourgeoisie :

Le plus sage est donc de chercher comment, sans bouleversement, sans trop de lésions d'intérêts, on pourrait procéder graduellement à l'instauration des justices sociales réclamées par les prolétaires et par les meilleurs des classes éclairées.

Car, au lieu d'une grande et heureuse famille, la société actuelle n'abrite guère que des oppresseurs et des opprimés, des spoliateurs et des spoliés, se heurtant dans les ténèbres, sur un champ de bataille couvert de sang, couvert de ruines, et d'où s'élève, pour accuser son imprévoyance et son injustice, un concert funèbre de malédictions et de sanglots qui appellent des réparations immédiates.

Eh bien ! je le demande en toute conscience aux honnêtes gens et aux hommes de cœur de tous les partis, est-il possible de ne pas estimer ces hommes, pareils à des apôtres, qui s'efforcent de vouloir chercher à mettre dans la vie plus d'équité, plus de justice et de fraternité ?

Personne ne peut sérieusement songer à contester qu'il serait juste de répartir plus équitablement les biens de cette terre de France, où tout Français devrait pouvoir vivre du travail de ses bras, sans mourir injustement à la peine, en face de tant de richesses accumulées dans quelques mains.

Est-il juste, oui ou non, qu'il y ait des hommes qui possèdent du superflu à n'en savoir que faire, qui aient les moyens de satisfaire, sans peine — ayant eu simplement la chance de venir au monde riches et heureux — tous leurs désirs, toutes leurs fantaisies, tous leurs vices même, alors qu'il y a des millions d'autres hommes qui, malgré tous leurs efforts et leur travail, manquent de ce qui est nécessaire pour vivre ?

Non, sans doute, n'est-il pas vrai ? D'ailleurs, bien avant les modernes apôtres de la religion nouvelle dont Malon était un des grands-prêtres les plus honorés, rappelons ici que les Pères de l'Eglise, les ascètes du désert et les moines des premiers siècles de l'ère chrétienne, fulminèrent, eux aussi, contre ce qu'ils appelaient la propriété mal acquise et les richesses mal employées; des anathèmes éloquents et terribles. Et le: *Vœ divitibus!* de Jésus fut répété par eux jusque devant les rois. Ils promulguèrent *le droit à la vie* pour tout homme venant en ce monde, où il n'avait pas demandé à naître.

Comment, après cela, en voudrions-nous à des hommes comme Benoît Malon, d'avoir fait entendre, à leur tour, devant les puissants, les heureux, les riches de ce monde, le cri de pitié et de fraternité qui jaillissait du fond de leur cœur?

Les questions de progrès social préoccupent, aujourd'hui, tous les esprits réellement ouverts et généreux, toutes les larges intelligences, tous ceux qui ont au cœur, en un mot, cette pitié humaine qui inspira seule à notre grand poète national, Victor Hugo, ces pages inoubliables et immortelles où passe, comme un frémissement, le souffle même de l'Humanité.

Et l'on ne rencontre plus guère que des *conservateurs* incorrigibles pour nier la question sociale. Fort heureusement, il diminue de jour en jour le nombre de ces égoïstes, de ces inconscients et de ces aveugles, qui, la moustache bien cirée, le nœud de cravate impeccable, et surtout l'air impertinent, passent avec des sourires dédaigneux et hautains dans la vie, persuadés qu'ils sont nés uniquement pour voir travailler les autres.

Franchement, s'il me faut choisir entre ces inutiles et les hommes de la trempe de Benoît Malon, je déclare sans hésiter que, pour ma part, j'aime mieux ceux-là!

Les Martyrs du Bagne.

Est-il au monde, dites-moi, supplice plus horrible, plus épouvantable, pour un honnête homme injustement condamné, que de porter pendant des semaines, des mois, des années même, la casaque infamante et le sinistre bonnet vert du forçat?

Imaginez un pauvre diable gagnant honnêtement sa vie, encouragé dans son dur labeur par la vie de sa femme minable et de ses enfants souffreteux. Le travail est pénible et rare, et les chômages forcés sont fréquents. Aussi, bien souvent, hélas! on mange peu dans la mansarde et les repas ne durent pas longtemps. C'est la vie dure des malheureux, mais enfin c'est toujours la vie, la vie libre et indépendante, comme on l'entend, sous le ciel bleu.

Tout d'un coup, la scène change: l'homme, sans savoir du tout ni pourquoi ni comment, se trouve un beau jour transporté dans une obscure et étroite prison, accusé d'un crime imaginaire. Puis, c'est la Cour d'assises: des juges, un greffier, des gendarmes, une foule de têtes cruellement curieuses, attentives au réquisitoire de celui qu'on appelle « l'éloquent interprète de la vindicte publique. » Enfin, c'est le bagne avec son infamie — douze citoyens assemblés n'ayant pas craint de déclarer aux juges, qu'*en leur âme et conscience*, cet honnête homme était coupable ! Le voilà maintenant arraché à sa famille, qui deviendra ce qu'elle pourra, et transporté, la rage au cœur, au-delà des mers dont les flots baignent le sol sacré de la Patrie.

On lui a tout enlevé : ses enfants, sa femme, sa liberté, son pays. Il lui a fallu dire adieu à cette existence si dure, mais si bonne quand même, du foyer. Cet homme, désormais, ne sera plus un homme, se mouvant librement dans l'immensité, mais un simple numéro qu'on appelle avec le bâton de l'argousin. La chiourme, le carcan, la veste rouge, la chaîne au pied, le cachot, toutes ces horreurs seront désormais son partage. Il sera tutoyé par le premier venu, fouillé, frappé par le garde-chiourme. Il aura les pieds nus dans des souliers ferrés, et devra tendre, chaque jour, sa jambe au marteau du rondier qui visite la manille! Enfin, il sera forcé de subir — suprême honte et suprême humiliation ! — la malsaine curiosité des étrangers, auxquels on dira : « Celui-là, c'est le héros fameux de tel crime, qui a fait beaucoup de bruit dans le temps. »

Quelle misère ! la destinée peut-elle donc être mauvaise et monstrueuse à ce point? En lisant de pareilles choses, véritablement on croit rêver! Et cependant, hélas ! rien n'est plus vrai. Les victimes d'erreurs judiciaires se comptent au moins par centaines. Et à côté des noms fameux des Lesurques, des Pierre Vaux, des Figuières, des Borras, combien d'autres misérables n'y a-t-il pas eu qui, victimes ignorées, ont payé à la Société une dette injuste, pour les vrais coupables impunis!

Toutes ces tristes réflexions me venaient en foule à l'esprit en lisant, ces jours-ci, l'histoire du pauvre et infortuné Kirail.....

On n'a donc droit à aucune indemnité, quand on vous a pris injustement treize années des plus belles de votre vie! Eh ! quoi, si l'État prend, pour un motif d'utilité publique, un mètre de terrain, il le paye, et même il le paye bien. Et l'État ne doit rien en revanche, quand, sous le masque de la justice, il prend à un homme sa liberté, son honneur, sa santé, sa fortune, tout ce qu'il a de plus cher au monde? Franchement, une pareille thèse ne peut se soutenir un seul instant. C'est absolument monstrueux, et il importe à l'honneur même de notre jeune République, à son bon renom dans le monde, que de telles pratiques prennent fin. Elles ne sauraient durer plus longtemps.

La Chambre nouvelle devra, sans plus tarder, voter une loi accordant aux victimes d'erreurs judiciaires une indemnité sérieuse, proportionnelle aux peines subies injustement par la victime d'une condamnation imméritée. C'est une question de loyauté et de justice sociale qu'il est du devoir de la République de liquider une fois pour toutes.

Le Vote obligatoire.

On sait que M. Gauthier de Clagny, député, vient de demander à la Chambre de décréter, par une loi, *le vote obligatoire*. L'idée, à l'heure qu'il est, a fait du chemin dans la Presse et n'est pas vue d'un mauvais œil par l'opinion publique.

Pour notre part, nous déclarons qu'elle nous paraît excellente. Ce qui a caractérisé la dernière consultation nationale, ce sont avant tout les abstentions, s'élevant à cinq millions deux cent mille, sur dix millions six cent quatre-vingt-dix mille électeurs inscrits, soit près de la moitié !

Cette constatation est d'autant plus déplorable qu'elle s'étend à la France entière, un seul département, le Nord, excepté. En présence d'un pareil état de choses, on en est à se demander s'il valait bien la peine de faire une révolution pour la conquête d'un droit auquel on paraît tenir si peu !

Lorsque nos voisins de Belgique ont obtenu, dernièrement, de jouir de ce *droit du citoyen* qui est le suffrage universel, ils se sont vu imposer, par la même loi qui le leur reconnaissait, le *devoir* d'en user, et c'est justice ! Car, il y a longtemps qu'on l'a dit : *Il n'y a pas de droit sans devoir*. Et, dans une démocratie, où le bulletin de vote doit remplacer l'insurrection et le fusil, devenus désormais inutiles et sans excuse, ce devoir civique du vote devrait être le premier de tous. Cela est d'ailleurs tellement vrai, que cette obligation du vote existe déjà, chez nous, pour les électeurs sénatoriaux, qui sont passibles d'une amende lorsqu'ils refusent d'aller aux urnes. Pourquoi, dès lors, ne pas établir la même règle pour les élections des députés ? Il nous semble qu'il y a là une anomalie par trop bizarre et absolument injustifiée.

Tout le monde a pu remarquer, comme nous, l'immense différence qui existe, dans les élections législatives, entre le nombre des électeurs inscrits et le nombre des suffrages exprimés. Ne serait-il pas de l'intérêt bien entendu de la démocratie, de forcer à voter tous ceux qui s'obstinent à se réfugier ainsi dans une indifférente, commode et lâche abstention? — N'est-il pas du devoir du Gouvernement de la République de chercher le moyen de mettre en mouvement cette masse apathique et découragée qui ne daigne pas, actuellement, se rendre au scrutin? — Il y a là, ce nous semble, une question de principe qui ne peut être indifférente à des républicains.

Et si la Société a le droit d'exiger de chacun de ses membres l'instruction, le service militaire, l'impôt, dans un but d'intérêt général, n'a-t-elle pas, à plus forte raison, celui d'exiger le service du vote, qu'on pourrait appeler le *service civique* par excellence, et qui devrait être placé, comme tel, au premier rang de tous? Certes, l'électeur doit être libre, mais *libre de voter pour qui il veut*, pour celui qu'il juge le plus digne, et non pas libre de ne pas voter du tout ; pas plus qu'il n'est libre de ne pas déclarer les naissances de ses enfants ou les décès de ses parents. Le vote est un acte nécessaire de la vie civile, l'acte le plus important du citoyen. Et ce serait le seul qui ne serait point obligatoire? Allons donc! ce n'est pas logique, et nous demandons formellement que les Chambres décrètent au plus tôt le vote désormais obligatoire.

Nous croyons d'ailleurs, quant à nous, que la condamnation sévère des abstentionnistes ne peut manquer d'assurer, peu à peu, la moralisation et la dignité du suffrage universel. Il est donc du devoir des républicains de poursuivre la réalisation d'une telle réforme, qui est appelée à consolider encore la République et qui restera l'honneur de ceux qui l'auront adoptée.

Plus de Révolution !

Donc, c'est chose entendue : tout le monde est socialiste, et, qui plus est, socialiste légal, ennemi de la violence et des moyens révolutionnaires. Il n'est pas jusqu'à Jules Guesde lui-même qui ne prétende qu'il faut se borner désormais aux luttes pacifiques et fécondes du suffrage universel. « Tout par la libre discussion, la liberté de la Presse et le bulletin de vote », tel est, en ce moment, le mot d'ordre des plus fougueux révolutionnaires d'antan.

C'est ainsi que le mot fameux : « sous la République, le bulletin de vote doit à tout jamais remplacer le fusil » devient enfin une réalité, une vérité reconnue et prêchée par ceux-là mêmes qui s'en montraient naguère encore les plus ironiques contempteurs.

Tant mieux ! et, ma foi, pour ma part, je déclare m'en réjouir. J'ai toujours éprouvé de la méfiance à l'égard de ces tribuns de réunions publiques, qui n'avaient dans la bouche que les mots de *lutte des classes* ou de *Révolution!* Et je me rappellerai toujours Brialou (1) — qui pourtant était, à la Chambre, député républicain socialiste — s'écriant, dans une réunion publique, à Lyon, en 1885, en pleine période électorale : « Le fusil ! Qui a parlé de fusil et de « Révolution? Ah! citoyens, avant de parler de fusil, apprenez donc « au moins, à vous mieux servir de votre bulletin de vote ! » Et il avait, fichtre! bien raison.

Oui, certes, soyons socialistes, si le mot socialiste veut dire: plein de généreuses aspirations pour le bonheur de tous. Embrassons la cause du socialisme, si l'on entend par là un idéal de fraternité en ce qu'il a de plus pur, de plus noble, et s'il y a en lui uniquement une soif sublime de l'éternelle Justice.

Loin de nous les faux amis du peuple qui donnent à la foule abusée l'éternel baiser de Tartufe, autrement dit, baiser de Judas ! Et si nous voulons plus de justice et de fraternité dans le monde, de grâce, ne commençons pas par prêcher la violence et la haine, et par vouloir souiller nos mains en faisant couler le sang de nos frères.

En République, il ne doit plus y avoir de Révolution. Tout par la liberté de la Presse, de la tribune et des réunions, ainsi que par le bulletin de vote; en un mot, par l'action légale de chaque initiative individuelle et le libre exercice de nos droits d'hommes et de citoyens. Mais rien, entendez-vous bien, par la violence et la haine. Car la violence appelle la violence et légitime les représailles, — *qu'elle vienne d'en haut ou d'en bas!*

---

(1) C'est avec Brialou (alors député du Rhône, ensuite député de la Seine) que j'ai fait ma première brochure politique, à Lyon, pour les élections de 1885. Nous soutenions ensemble la liste en tête de laquelle était le vaillant tribun et l'intègre républicain Madier-Montjau.

LE BONHEUR

(Dédié à Clovis Hugues, mon ancien collaborateur du Phare du Littoral).

Le bonheur est un fleuve
Rapide dans son cours,
Auquel l'homme s'abreuve
Et qui fuit pour toujours.
Chaque flot coule et passe
Sans jamais revenir,
Rêve qu'une ombre efface,
Laissant un souvenir.
L'enfant à la mamelle
Y boit pour s'endormir
Et la France nouvelle
Y cherche l'Avenir.
La jeunesse verbeuse
D'un vol capricieux
L'effleure insoucieuse :
Un voile est à ses yeux.
Car, dans son ignorance
Et sa futilité,
Cet âge de jactance
Erre à faire pitié !
Et, ne sachant encore
Assez apprécier
L'exquise et fraîche aurore
Où tout nous dit d'aimer,
La jeunesse frivole,
Et sceptique avant tout,
Danse une farandole
Et chante : Laïtou !
L'amour, holà ! dit-elle,
L'amour, qué que c'est ça ?
On nous la baille belle !
J'aime mieux Paméla !
Et tous ces imbéciles,
Pleins de fatuité,
Prennent leurs airs séniles
Pour la virilité.
Puis, quand tous ces fantoches
Ont bien perdu leur temps,
Les deux mains dans les poches
Avec leurs airs crevants,
Ils conviennent sans peine
— Vers les trente-cinq ans —
De leur bêtise extrême...
Mais ils n'ont plus vingt ans !
Croyez-moi, jeunes hommes,
Tendres adolescents,
Ne faites pas les hommes
Avant qu'il en soit temps.
Ne soyez pas moroses,
Ne niez pas l'Amour,
Et respirez les roses,
Car elles n'ont qu'un jour.

Croyez à la Justice,
A la Fraternité ;
Dites : que tout périsse,
Avant la Liberté !
C'est de cette manière,
Et non pas autrement,
Que moi-même, naguère,
Je lis, quand j'eus vingt ans.
Et le diable m'emporte
Si je ne suis pas fier
De penser de la sorte,
Aujourd'hui comme hier.
Je dis et je répète,
Pour qu'on le sache bien,
Que sur notre planète
Sans l'Amour, il n'est rien.
Car l'amour est la flamme
Qui réchauffe le cœur
Et sait rendre notre âme
Pitoyable au malheur.
Oui, je dis que la gloire,
L'argent et les honneurs
Font un nom dans l'Histoire...
Mais non pas le bonheur.
Je dis que le pauvre hère
Qui n'a ni feu ni lieu
Fait luire à ma paupière
Une larme de feu,
Mais que le Capitaine
Le plus victorieux
M'inspire de la haine,
Car il est odieux. (1)
Ah ! combien je préfère
Et j'applaudis tout bas,
Et j'aime comme un frère,
Parce qu'il souffre en bas,
Le rude prolétaire,
Dont l'effort quotidien
Ne gagne pour salaire
Qu'un dur morceau de pain ;
Le penseur qui prépare
Le Progrès de Demain ;
L'amant dont la guitare
Chante jusqu'au matin....

L'amoureux, le poète
Qui chante le ciel bleu
Et la nature en fête :
Le voilà, l'homme heureux !

Annecy, 15 mai 1889

---

(1) Capitaine est pris ici dans le sens de Conquérant et de Despote.

www.ingramcontent.com/pod-product-compliance
Lightning Source LLC
Chambersburg PA
CBHW070928280326
41934CB00009B/1782